Jana Zöller

STOLZ OHNE VORURTEIL

Jana Zöller

STOLZ OHNE VORURTEIL

Warum wir Menschen in Schubladen stecken und wie sie da wieder rauskommen

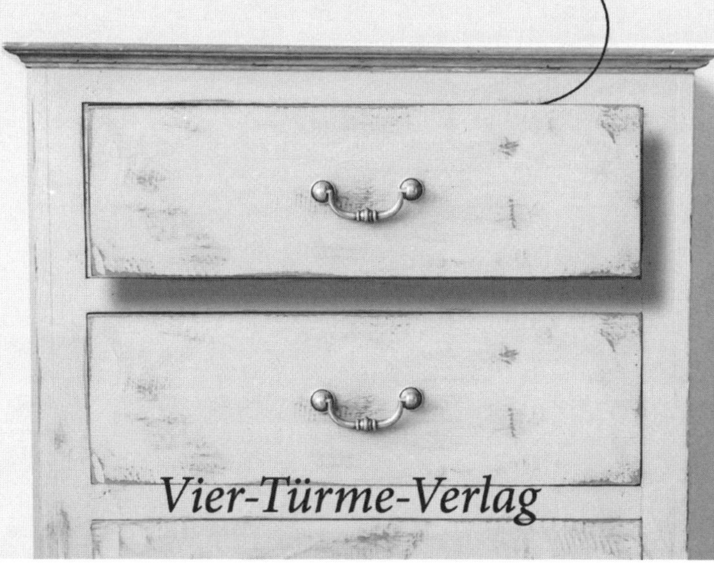

Vier-Türme-Verlag

Inhalt

Einleitung

Oder: Warum wir Menschen in Schubladen stecken und wie sie da wieder rauskommen

Würdest du eine Frau als Babysitterin engagieren, die vorher als Prostituierte gearbeitet hat? Findest du es ganz normal, wenn sich zwei Männer leidenschaftlich küssen? Würdest du bei einem Rohrbruch lieber Sanitär Özdemir als Sanitär Meier anrufen? Hältst du dicke Menschen für genauso diszipliniert wie dünne? Und würdest du als Arbeitgeber jemanden einstellen, der schon mal einen Burn-out hatte?

Wenn du all diese Fragen mit Ja beantwortet hast, ist dieses Buch vermutlich nicht das Richtige für dich. Wenn du aber auch nur bei der einen oder anderen Frage gezögert hast, bis du hier goldrichtig. Bist du tolerant? Ich sage dir ganz ehrlich: Ich bin es nicht. Das klingt jetzt hart und ist auch nur ein Teil der Wahrheit. Ich bin weder rechtsradikal noch homophob, sondern halte mich für aufgeschlossen gegenüber anderen Lebensformen und Menschen. Aber meine Toleranz hat genauso Grenzen wie die jedes anderen Menschen auch. Zum Beispiel, wenn ich mit Veganern gemeinsam grille (bei allem Respekt für ihre Lebensform) und sie mir dabei eine Szene machen, wie ich nur mein Bio-Hühnchen auf das gleiche Rost wie ihre Tofu-Wurst legen kann (»Bah, die soll nicht neben dem toten Tier liegen«) – da hört meine Toleranz auf.

Jeder von uns hat Vorurteile. Müssen wir uns deswegen schlecht fühlen? Womöglich manchmal, wenn wir anderen damit schaden. Aber sie sind nicht grundsätzlich etwas Schlechtes.

Warum brauchen wir Vorurteile?

Ich möchte dem Begriff »Vorurteil« einmal kurz seine ausschließlich negative Behaftung nehmen, denn im Kern bedeutet er, dass man sich ein Urteil erlaubt, bevor man einen Menschen oder eine Situation wirklich einschätzen kann. Und das geht für uns überhaupt nicht anders: Wir müssen Menschen und Dinge in Schubladen stecken, damit unsere Welt funktioniert. Wenn wir bei jedem Menschen, den wir treffen, oder bei jedem Handgriff, den wir tun, hinterfragen würden, ob jemand oder etwas gut oder schlecht ist, würden wir unsere gesamte Lebenszeit mit Sortieren verbringen. Da wir weder die Zeit noch die Nerven dazu haben, müssen wir also darauf zurückgreifen, was wir selbst schon einmal erlebt haben oder aber von anderen Menschen, in den Medien oder sonst irgendwo darüber gehört haben.

Dieses Schubladendenken ist dabei kein Phänomen der Neuzeit, sondern tief in unserer Evolution verwurzelt. So hat zum Beispiel das Gehirn eines Steinzeitmenschen Dinge in Schubladen sortiert wie: »großes Tier bedeutet Gefahr«. Gott sei Dank kam der Steinzeitmensch voreilig zu diesem Urteil, denn: Hätte er erst bei jedem großen Tier unvoreingenommen geschaut, ob es ein liebes oder ein gefährliches Tier ist, hätte die Menschheit vermutlich nicht überlebt.

Sind Vorurteile unbegründet?

Das lässt sich so pauschal nicht beantworten. Die meisten Vorurteile haben irgendwo ihren Ursprung. Die Annahme, dass die Deutschen besonders ordentlich und pünktlich sind, kommt zum Beispiel daher, dass viele Deutsche im Verhältnis zu Menschen anderer Nationen tatsächlich besonders sauber und pünktlich sind. Das erfährt man spätestens, wenn man in Afrika die Berge von Müll an den Straßenrändern sieht oder merkt, dass in der

Türkei keine verlässlichen Fahrpläne existieren, sondern der Bus dann kommt, wann er eben kommt. Trotzdem zeigt diese Annahme über Deutsche, dass es sich dabei nur um ein Vorurteil handelt: Sicher kennst du mehr als nur einen, der weder ordentlich noch pünktlich ist.

Der wahre Kern offenbart sich bei Vorurteilen oft darin, dass eine Annahme auf mehrere Menschen einer Personengruppe zutrifft. Diese Annahmen können übrigens sowohl positiv als auch negativ sein. So sind zum Beispiel viele schwarze Menschen gute Läufer, viele Frauen frieren schnell und ja, tatsächlich trifft auf einige Universitätsbesucher auch der Spruch zu: »Gelfrisur und Polohemd, ich bin ein BWL-Student.« Aber nur, weil es mehrere Menschen gibt, die sich in bestimmten Punkten ähnlich sind, treffen die Annahmen in den seltensten Fällen gleich auf eine gesamte Personengruppe zu.

Entscheidend bei der Frage nach Vorurteilen ist oft, ob man die Erfahrungen selbst gemacht hat oder ob sie auf dem Hörensagen basieren. In den allermeisten Fällen sind Vorurteile gesellschaftlich gewachsen. Wir lernen schon als Kinder, dass man einen Mann an kurzen und eine Frau an langen Haaren erkennt, dass man vor Spinnen Angst hat, aber Marienkäfer bedenkenlos auf die Hand nehmen kann oder dass die Farbe für »echte« Jungs Blau ist, während Mädchen Rosa lieben. Alles, was davon abweicht, ist zunächst einmal »nicht normal« – und das führt oft zu einer negativen Bewertung. Was wir kennen, gibt uns Sicherheit, während wir Unbekanntem oft skeptisch gegenüberstehen, weil es uns unsicher macht. Das hat nicht zwangsläufig etwas mit der Erziehung durch Eltern, Lehrer oder andere Bezugspersonen zu tun, sondern ist zum Teil auch eine angeborene Skepsis gegenüber allem, was wir nicht kennen. Ich kann mich zum Beispiel daran erinnern, dass ich einen schwarzen Kinderarzt hatte. Als ich sehr klein war, wollte ich mich nicht von ihm untersuchen lassen, weil ich dachte, dass seine Hautfarbe abfärben könnte. Obwohl meine Eltern nicht die geringsten Vorurteile gegenüber Schwarzen hegen und sie diese dementsprechend auch nicht an mich weitergegeben haben, hatte ich erst einmal Angst, denn ich hatte schlicht und ergreifend vorher noch nie einen schwarzen Menschen gesehen.

Kann ich tolerant sein – trotz Vorurteilen?

Nicht tolerant zu sein und Vorurteile zu haben, ist nicht das Gleiche, hat aber einiges miteinander zu tun. Was heißt es, tolerant zu sein? Der Duden sagt dazu, dass jemand »in Fragen der religiösen, politischen oder anderen Überzeugung bereit ist, eine andere Anschauung, Einstellung, andere Sitten, Gewohnheiten und anderes gelten zu lassen«. Ein Vorurteil hegt jemand hingegen, wenn er »ohne Prüfung der objektiven Tatsachen eine voreilig gefasste, meist von feindseligen Gefühlen gegen jemanden oder etwas geprägte Meinung« hat. Das heißt: Je mehr Vorurteile ein Mensch hat, desto weniger tolerant ist er. Ob sich jemand stark oder weniger stark von Vorurteilen leiten lässt, hängt dabei von verschiedenen Faktoren ab. Von seinen Ängsten zum Beispiel. Denn je mehr Ängste ein Mensch hat, desto mehr »helfen« ihm die Vorurteile, einer vermeintlichen Gefahrensituation aus dem Weg zu gehen. Außerdem spielt es eine Rolle, ob ein Mensch gelernt hat, seine Gedanken und sein Verhalten zu reflektieren oder nicht.

Besonders oft haben wir außerdem dann Vorurteile, wenn das Verhalten anderer unseren Lebensbereich direkt berührt und wir uns angegriffen fühlen. Das bedeutet im Umkehrschluss: Ich kann spendabler mit meiner Toleranz sein, wenn mich die Andersartigkeit eines Menschen nicht betrifft. Wenn zum Beispiel meine Freunde Lisa und Marc am liebsten Aktivurlaub machen, während ich am liebsten faul am Strand liege, dann ist mir das egal. Schwierig wird es, wenn wir gemeinsam Urlaub planen.

Dann hinterfrage ich ihre Vorlieben und nehme vielleicht an, dass Lisa und Marc auch im Urlaub pausenlos etwas zu tun haben müssen, weil sie nicht in der Lage sind, einfach mal abzuschalten (was sie im Übrigen sind – sie ziehen ihre Erholung nur aus den Bergen, während ich auch gerne mal beim Blick aufs Meer entspanne).

Darüber hinaus haben wir Vorurteile an den Stellen, wo wir uns mit anderen Menschen vergleichen. Und das machen wir leider permanent. Indem ich akzeptiere, dass ein anderer Mensch eine (andere) Religion hat, sehr dünn ist oder sein Kind anders erzieht als ich, muss ich mir unweigerlich die Frage stellen, ob meine eigene Haltung die »richtige« ist. Dafür bleibt im Alltag oft keine Zeit. Da ist es leichter, die Eigenart eines anderen als schlecht zu bewerten, als zu hinterfragen, ob man sich selbst anders verhalten sollte.

Wenn wir aber alle Vorurteile haben, gibt es dann keine wirklich toleranten Menschen? Ich glaube, dass es keinen Menschen gibt, der zu hundert Prozent tolerant ist. Aber das wäre auch nicht gut. Intoleranz kann nämlich tatsächlich wichtig sein. Wenn ich es beispielsweise nicht dulde, dass ein Kollege einen anderen mobbt. Und zusätzlich sollte Toleranz nie bedeuten, dass man sich selbst überall unterordnet und keine eigene Meinung mehr vertritt. Die Grenze zwischen Verständnis für andere zu haben und sich selbst zu verleugnen ist dabei manchmal fließend. Natürlich muss man nicht jeden Menschen und sein Verhalten leiden können. Aber tolerant sind wir dann, wenn wir uns über jemand anderen erst informiert haben, bevor wir ihn dauerhaft »abstempeln«. Wenn wir die Hintergründe für sein Verhalten kennen, können wir entscheiden, ob wir es nachvollziehbar und sogar akzeptabel finden oder eben nicht. Und vor allem sind wir dann tolerant, wenn wir nicht gleich ganze Personengruppen verurteilen, denn es wird kaum eine geben, wo ein Vorurteil wirklich auf jede Person zutrifft.

Vorurteile können verletzend sein und sogar zu Diskriminierungen führen. Wenn zum Beispiel ein Mensch mit arabischem Aussehen eine Wohnung oder einen Job nicht bekommt, nur weil er »anders« aussieht und ihm der Vermieter oder Arbeitgeber deswegen per se nicht traut. Im schlimmsten Fall können Vorurteile sogar richtig gefährlich werden. Über die deutsche Geschichte muss ich an der Stelle wenig erzählen – hätte Hitler an seinen Vorurteilen gearbeitet, wären vermutlich Millionen von Menschen am Leben geblieben. Und vor einigen hundert Jahren wären viele Frauen nicht verbrannt worden, wenn man sie nicht aufgrund ihrer ausgezeichneten Kräuterkenntnisse für Hexen gehalten hätte. Auch heute sind Vorurteile überall dort gefährlich, wo sich Menschen aufgrund ihrer Voreingenommenheit radikalisieren. In vielen europäischen Ländern bekommen rechtsextreme Parteien immer mehr Zuwachs. Und egal, welche Ausprägungen Andersartigkeit hat – ob es sich um Herkunft, Religion oder sexuelle Orientierung handelt –, es wird propagiert, dass es nur ein Ideal gibt und kein Platz für Menschen ist, die jenseits dieser Norm stehen. Dabei wird oft mit den Ängsten der Menschen gespielt. Mit der Angst vor Andersartigkeit, die durch Vorurteile entsteht.

Was will dieses Buch?

Ziel dieses Buches ist es nicht, dass du vorurteilsfrei wirst – das wird vermutlich auch dem weltbesten Ratgeber nicht gelingen. Das Buch soll dich stattdessen stolz machen – stolz darauf, dass du genau wie jeder andere Mensch anders und einzigartig bist. Du sollst nicht stolz darauf sein, keine Vorurteile zu haben, aber stolz darauf, dass du anderen zunehmend offener begegnen kannst und dir deine Vorurteile zumindest immer häufiger bewusst werden. Wie das gelingt, möchte ich dir in diesem Buch zeigen. Es soll helfen, die eigenen Vorurteile zu erkennen. Das ist der erste Schritt, um sie zu verändern und auch mit anderen darüber zu sprechen, um mehr Akzeptanz untereinander zu schaffen.

In den folgenden Kapiteln erzähle ich dir Geschichten und Fakten über Menschen, die häufig Vorurteilen ausgesetzt sind. Ich habe sie oder ihre Geschichten entweder durch meine Arbeit als Journalistin kennengelernt oder im Privatleben. Teilweise haben die Begegnungen auch meine eigenen Vorurteile abgebaut und mich umdenken lassen. Ich möchte dir zeigen, dass Wissen und Aufklärung die beste Waffe gegen gefährliche oder verletzende Vorurteile sind. Wenn dir diese Geschichten nur ab und zu einen Denkanstoß geben, dann wird es dir auch bei anderen Menschen leichter fallen, erst einmal hinter die Fassade zu schauen, bevor du ihnen mit Vorurteilen begegnest. Das lohnt sich zum einen für deine Mitmenschen. Denn das Schöne ist, dass auch einzelne kleine Situationen das Leben eines anderen verändern können. Wenn sich ein Schüler zum Beispiel einen beleidigenden Kommentar bei einem übergewichtigen Mitschüler spart oder ein Obdachloser mit Respekt behandelt wird. Aber es lohnt sich zum anderen auch für dich selbst: Du wirst überrascht sein, um wie viele positive Begegnungen dich das reicher macht.

Wichtig ist mir dabei: Selbstverständlich sind diese Geschichten nur Beispiele aus meinen Erfahrungen und meiner Recherche. Ich möchte damit zeigen, dass nicht alle Menschen in die vorgefertigten Schubladen passen und dass viele Vorurteile ungerechtfertigt sind. Das heißt aber nicht, dass du vielleicht bei dem einen oder anderen Thema trotzdem einen Menschen kennst, der exakt dem Klischee entspricht.

Außerdem zähle ich der Einfachheit halber in diesem Buch nur eine Geschlechtsform auf, das heißt, wenn ich von Studenten spreche, dann meine ich selbstverständlich Studentinnen und Studenten beziehungsweise alle Studierenden.

Auch wenn es mir leidtut, dass das nötig ist: Viele Namen von Betroffenen habe ich in diesem Buch verändert, um sie zu schützen. Denn auch wenn ich mir Toleranz für sie wünsche, ist sie leider in den Köpfen vieler Menschen noch nicht vorhanden.

Zum Ende dieses Buchanfangs noch ein Zitat von Albert Einstein: »Es ist leichter, einen Atomkern zu spalten, als ein Vorurteil.« Aber es ist nicht unmöglich. Auch wenn wir dazu keine Atomphysiker werden müssen: Lasst uns anfangen, unsere Energie sinnvoll zu nutzen, sonst fliegt sie uns irgendwann um die Ohren.

1. Kapitel

Die Kanaken

Oder: Warum nicht nur der Döner zu Deutschland gehört, sondern auch der Dönermann

Weißt du, was ein Kanake ist? Na klar, ein Schimpfwort für Türken. Steht sogar im Duden. Allerdings ist die Verwendung als Schimpfwort nur an zweiter Stelle genannt, denn zuerst steht die eigentliche Bedeutung, die eine ganz harmlose ist: Ein Kanake ist ein Ureinwohner der Südseeinseln. Das Wort entstammt vermutlich dem Hawaiianischen. Es wurde zunächst in verschiedenen europäischen Regionen positiv zweckentfremdet als Begriff für alle ausländisch aussehende Menschen und in Deutschland erst mit dem Anwerbeabkommen in den Siebzigerjahren im negativen Sinn für Gastarbeiter benutzt. So wie ein harmloses Wort zu einem Schimpfwort werden kann, kann ein friedvoller Mensch zu einer Projektionsfläche für Vorurteile und Ängste werden.

Wir beurteilen Menschen auf den ersten Blick danach, wie sie aussehen. Wie eingangs beschrieben, ist das soweit normal. Schwierig ist dennoch für »anders« beziehungsweise »fremd« aussehende Menschen, was diese Ausgrenzung mit ihnen macht: Sie gehören von vornherein nicht dazu. Sie werden nicht als Deutsche wahrgenommen, ob sie hier geboren sind oder nicht. Nur in zwei Dingen sind sie für unsere Gesellschaft selbstverständlich: Wenn sie günstig ihre Arbeitskraft zur Verfügung stellen oder zum Wohlbefinden der restlichen Bevölkerung beitragen. Denn ihre Dienstleistungen werden gern in Anspruch genommen: Italiener sind gut genug, um uns eine leckere Pizza zu backen, Russen, um unseren Kindern Klavierunterricht zu geben, Chinesen, um uns Akupunkturnadeln zu setzen, Thailänder, um uns den Rücken zu kneten, Polen, um unsere Alten zu pflegen, Bulgaren, um unser Obst zu ernten, und Türken, um uns billig die Waschmaschine zu reparieren und selbstverständlich den geliebten Döner zu servieren. Wir brauchen sie, um unsere Gesellschaft am Laufen zu halten – und besonders oft brauchen wir sie, um die weniger schönen Aufgaben erledigen zu lassen oder möglichst günstig an Dinge zu kommen, für die ein »Deutscher« mehr Geld verlangen würde. Sie sind jedoch alle nicht gut genug, um losgelöst von ihrer Herkunft als gleichberechtigter Teil unserer Gesellschaft wahrgenommen zu werden. Ob es ein türkischer, russischer oder italienischer Nachname ist: Er erschwert seinem Träger die Ausbildungs-, Arbeits- oder Wohnungssuche bereits, bevor das Gegenüber ihn überhaupt kennengelernt hat. Der Stempel »nicht deutsch« ist innerhalb von Sekunden aufgedrückt, aber nur extrem mühsam wieder zu entfernen.

Jede Gruppe von Menschen, die nach Deutschland eingewandert ist, ebenso wie jeder Einzelne, hat eine ganz persönliche Einwanderungsgeschichte. Beispielhaft für die vielen verschiedenen Nationen möchte ich in diesem Kapitel besonders auf Menschen mit türkischstämmigem Hintergrund eingehen, da ich mich während eines Auslandssemesters in der Türkei sowie in den Jahren davor und danach besonders damit beschäftigt habe. Darüber hinaus sind viele von ihnen Muslime, und das führt in Deutschland ganz besonders zu Ausgrenzung und Vorurteilen.

In der Bundesrepublik leben drei Millionen Türken (beziehungsweise Türkischstämmige), doch wenn über sie gesprochen wird, dann fallen vielen zuerst die Unterdrückung der Frau (»Die müssen alle Kopftuch tragen«) und die radikalen Islamisten ein

(»Die sprengen uns noch alle in die Luft«). Die deutsche Rechnung lautet schnell: Türken = Muslime = Islamisten = Gefahr für Deutschland. Darüber hinaus werden sie für ungebildet und rückständig gehalten. Aber woher kommen diese Vorurteile?

Warum haben türkischstämmige Menschen hier einen so schlechten Stand?

Wir vergessen gerne, dass es Menschen aus der Arbeiterschicht waren, die beim Anwerbeabkommen in den Sechziger- und Siebzigerjahren nach Deutschland geholt wurden. Damals sind Türken und Italiener nicht von allein gekommen, die Deutschen wollten sie haben. Die hiesige Wirtschaft boomte, und es gab nicht genug Deutsche, die in den Fabriken arbeiten konnten oder wollten. Also holte man Türken und Italiener hierher. Angefordert wurden aber nicht die Studierten, sondern jene, die für wenig Geld viel wegschaffen konnten. Wichtigstes Kriterium war dabei, dass die sogenannten »Gastarbeiter« (überwiegend männlich) gesund und kräftig waren. Dass sie bereits eine Ausbildung hatten, war ausdrücklich nicht erwünscht, sodass einige Türken auf der Istanbuler Verbindungsstelle lieber verschwiegen, wenn sie doch eine Ausbildung hatten. Die meisten waren tatsächlich aber nicht besonders gebildet. Die Deutschen wollten damals billige Arbeitskräfte, die keine Fragen stellen, und heute werden als Migranten gut ausgebildete Menschen erwartet, die sich in die Gesellschaft einfügen, als wären sie schon immer Deutsche gewesen. Das lässt sich nur schwer damit rechtfertigen, dass die Gastarbeiter nach ein paar Jahren, wenn sie Deutschland genug zu Reichtum verholfen hatten, wieder nach Hause zurückkehren sollten. Die Hälfte von ihnen ging tatsächlich zurück, die andere Hälfte blieb – aber nicht nur, weil sie das unbedingt wollten, sondern auch, weil ihre Arbeitskraft weiter benötigt wurde. So etwas wie Integrationskonzepte gab es trotzdem weiterhin nicht. Integration musste also quasi von selbst laufen; die Ungebildeten mussten sich vielerorts allein um Bildung und Anschluss bemühen.

Eine der größten Schwierigkeiten bei der Integration war für Türkischstämmige mit Sicherheit die deutsche Sprache. Ich kann aus eigener Erfahrung sagen: Türkisch ist so schwer! Deutsch und Türkisch sind vom Aufbau der Sprachen sehr unterschiedlich. Das ist wahrscheinlich auch einer der Gründe, warum du möglicherweise nicht besonders viele Wörter auf Türkisch kennst. Wie viele »Deutsche« gehen in eine italienische Pizzeria und begrüßen mit einem »Ciao« oder »Buon Giorno« und bedanken sich mit einem »Grazie«? Und selbst wenn sie das nicht tun, wüssten sie vermutlich wenigstens, wie das geht. Aber obwohl Türkischstämmige mit Abstand den größten Anteil der Migranten in Deutschland darstellen und obwohl viele von uns zumindest hin und wieder einen Döner essen, wissen die meisten nicht, was guten Tag (iyi günler) oder danke (teşekkürler) heißt. Das liegt zumindest zum Teil sicher auch daran, dass die türkische Sprache für uns einfach nicht eingängig ist. Versuche mal, dir zu ergründen, was yakışıklı (gutaussehend) oder çilek (Erdbeere) heißt. Da kommt man ohne Wörterbuch nicht weit. Im Englischen, Französischen, Italienischen oder Spanischen können wir uns viele Wörter irgendwie herleiten, im Türkischen geht das nur selten.

Umgekehrt geht es vielen Türken, die versuchen, Deutsch zu lernen. Im Türkischen werden alle möglichen Wörter, Fälle oder Pronomen nicht etwa als eigenes Wort in einen Satz gebaut, sondern als Endung an ein Wort drangehängt. So kann es zum Beispiel sein, dass ein deutscher Satz plus Nebensatz im Türkischen nur durch ein einziges Wort ausgedrückt wird. Das längste Wort der Welt ist übrigens ein Türkisches – es hat 75 Zeichen:

Muvaffakiyetsizleştiricileştiriveremeyebileceklerimizdenmişsinizcesinesiniz.

Übersetzt heißt das so viel wie: »Sie scheinen einer dieser Menschen zu sein, die wir nicht in jemanden verwandeln können, der jemanden erfolglos macht« – was auch immer das im übertragenen Sinne heißen mag; der Satz stammt aus einer fiktiven Geschichte. Weil man sich türkische Sätze eher zusammenpuzzelt als einfach Vokabeln zu lernen, kam es mir immer so vor, als würde ich Mathe anstatt einer Sprache lernen. Für Türken wiederum ist es schwer, dass sie sich viel mehr Begriffe merken müssen. Während die türkische Sprache über 150 000 Wörter verfügt, gibt es in der deutschen über 500 000. Hinzu kommt, dass Türken Wörter lernen müssen für Dinge, die es in ihrer Sprache überhaupt nicht gibt. Kein Wunder, dass sie Probleme haben, den richtigen Artikel zu benutzen, wenn es im Türkischen gar keine Artikel gibt und auch Verben deutlich sparsamer verwendet werden. »Die Mutter ist krank« heißt »Anne hasta«. Punkt. Vor dem Hintergrund muss ich sagen, dass ich schon gleich viel mehr Respekt vor den Türken habe, die überhaupt Deutsch können.

Was passieren kann, wenn man die deutsche Sprache nicht richtig lernt, möchte ich dir anhand der Geschichte von Mehmet erzählen. Ich habe ihn während meiner Arbeit in einem Internationalen Begegnungszentrum kennengelernt. Mehmet war das, was ich als »Checker-Typ« bezeichnen würde. So »Ey jo, voll cool drauf und so«. Netter Typ, etwas zu lässig, aber im Herzen eine gute Seele. Seine Rechtschreibung und auch der korrekte deutsche Sprachgebrauch ließen ehrlich gesagt sehr zu wünschen übrig, was ihm in seinem Studium der Sozialen Arbeit manches Mal im Weg stand. Dass er es aber überhaupt geschafft hat, ein Studium zu beginnen, war ein hartes Stück Arbeit.

Zu Hause hat Mehmet mit seiner Mutter immer nur Türkisch gesprochen. Sein Vater hat sich bemüht, Deutsch mit ihm zu reden, aber leider war das Deutsch des Vaters auch nicht sehr gut. Die Folge: Mehmet hat schlechtes Deutsch gelernt. Mein Türkischlehrer an der Uni (selbst türkischstämmig) hat mir einmal gesagt, dass Kleinkinder lieber gar kein Deutsch lernen sollten als schlechtes Deutsch. Er hielt es für schlauer, ihnen zuerst die türkische Sprache richtig beizubringen, damit sie ein Gefühl für Sprache entwickeln und wenigstens ein Sprachsystem fehlerfrei beherrschen. Wenn sie eine Sprache können, dann lernen sie danach auch leichter eine andere. Denn was man einmal falsch gelernt hat, lässt sich später nur schwer wieder vergessen oder durch Richtiges ersetzen.

So ist die sprachliche Barriere auch Mehmet zum Verhängnis geworden. Da die Familie in einem Brennpunkt von Köln wohnte, war er überwiegend mit anderen Migrantenkindern im Kindergarten, die alle entweder ihre Muttersprache oder schlechtes Deutsch sprachen. In der Grundschule wurde es nicht besser. Mehmet hatte Probleme, beim Unterrichtsstoff mitzukommen, weil er oft gar nicht richtig verstand, worum es ging. Auch wenn er schon als kleines Kind mit Onkel Emre in seinem Laden Gemüse gezählt hatte, scheiterte er daran, die Textaufgaben im Matheunterricht zu verstehen. Seine Lehrerin schaute leider nicht genau genug hin und sah deswegen nicht, dass Mehmet nicht dumm war, sondern nur sprachliche Probleme hatte. Deswegen bekam er von ihr nach der Grundschule eine Empfehlung für die Hauptschule. Mehmets Vater wusste, dass sein Sohn dadurch in Deutschland keine besonders guten Karrierechancen haben würde und sprach mit der Lehrerin. Doch die bügelte ihn ab: Er könne froh sein, dass Mehmet keine Förderschulempfehlung bekommen habe.

Also ging Mehmet zur Hauptschule. Als er in der sechsten Klasse war, lernte er in einem Jugendzentrum den Sozialarbeiter Jan kennen. Mehmet und Jan verstanden sich sofort, und Jan entdeckte, dass in Mehmet viel mehr steckte als der »begriffsstutzige kleine Türkenjunge«. Also übte er mit ihm bis zum Umfallen deutsche

Vokabeln und Grammatik. Durch Jans Einsatz wechselte Mehmet nach der Erprobungsstufe auf eine Gesamtschule und schaffte dort sogar später sein Abitur. Nach seinem großen Vorbild Jan wollte auch Mehmet Sozialarbeiter werden, da er selbst erfahren hatte, wie viel man im Leben Einzelner bewegen kann.

So wie Mehmet geht es vielen jungen Menschen mit Migrationshintergrund. Die erste Generation, die nach Deutschland gekommen ist, hat sich mit der Sprache schwergetan, und die folgenden Generationen haben einen falschen Sprachgebrauch übernommen. Die Väter in der ersten Generation lernten oft auf der Arbeit noch mehr oder weniger gut Deutsch, aber die Frauen, die zu Hause blieben und damit erste Ansprechpersonen für die Kinder waren, lernten es kaum. Sie blieben im fremden Land in einer Community mit anderen türkischstämmigen Frauen und konnten dort auch sehr gut ohne Deutschkenntnisse zurechtkommen. Das mögen wir vielleicht verwerflich finden, weil das nach außen deutlich macht: »Ich möchte mich nicht integrieren.« Ich halte es persönlich auch für schwierig, wenn einige bis heute nicht mal zielsicher »Hallo«, »Bitte«, »Danke« und »Auf Wiedersehen« sagen können. So viel sollte nach teilweise fünfzig Jahren in Deutschland schon drin sein. Aber das Ganze ist keine typisch türkische Eigenschaft: Auf Mallorca leben zum Beispiel etwa 30 000 gemeldete Deutsche, und es wird geschätzt, dass es noch einmal so viele gibt, die sich aus steuerlichen Gründen dort nicht gemeldet haben. Damit sind Deutsche die größte ausländische Bevölkerungsgruppe auf Mallorca. Sie werden von Mallorquinern geduldet, aber vielerorts nicht sehr gern gesehen. Mal ganz abgesehen davon, dass die deutschen Hippies in den Siebzigerjahren nicht viel mehr als Müll dort hinterlassen haben, sehen es auch heute noch viele deutsche Inselbewohner nicht ein, die Sprache ihrer Wahlheimat zu lernen. Die ist in diesem Fall übrigens nicht Spanisch, sondern Mallorquinisch, was kein spanischer, sondern ein katalanischer

Dialekt ist. Aber ob Spanisch oder Mallorquinisch: Durch die vielen deutschen Touristen kommen deutsche Inselbewohner auch mit ihrer Muttersprache zurecht und müssen daher für ihr eigenes Überleben weder Spanisch noch Mallorquinisch lernen.

Durch kulturelle Unterschiede entstehen schnell Missverständnisse

Auch ich habe selbstverständlich neben vielen positiven Erfahrungen mit Türken und türkischstämmigen Menschen überaus mäßige Erlebnisse gehabt, die durch die teilweise großen Unterschiede in den Kulturen zustande gekommen sind. Eine solche Erfahrung war zum Beispiel das Busfahren: Ich stehe als Erste an einer Bushaltestelle und warte auf den Bus. Eine Gruppe Türkischstämmiger mit zwei erwachsenen Frauen, vier Kindern und mindestens dreimal so vielen Plastiktüten kommt hinzu. Der Bus hält an, die Familie drängt mich beim Einstieg regelrecht zur Seite, betritt vor mir den Bus und setzt sich auf die einzigen noch freien Plätze. Eine absolute Unverschämtheit! Das habe ich damals so gesehen und finde es auch heute noch unmöglich. Aber ich verstehe jetzt zumindest ein bisschen, wo das Drängeln herkommt. Als ich für ein halbes Jahr in Istanbul gelebt habe, musste ich schnell einsehen, dass man mit höflichem Anstehen nicht sehr weit kommt. Wer an einem Bus (der schon bei der Ankunft fünfmal voller ist als ein Bus, den wir in Deutschland als voll bezeichnen würden) höflich ansteht, der fährt nicht mit – so einfach ist das. Wer es schafft, sich als Erstes hineinzuquetschen, der bekommt noch einen der letzten eigentlich schon nicht mehr vorhandenen Plätze. Genauso ist es auf dem Amt: Wer sich in eine Warteschlange stellt, der wird erleben, dass sich so viele andere vordrängeln, bis einem selbst gesagt wird, dass das Amt jetzt leider schließt und man nächste Woche wiederkommen solle. Oder übernächste. Das Vordrängeln mag eine für Deutsche höchst irritierende Art und Weise sein, aber in einer übervollen Stadt wie Istanbul ist das so lange gewachsen, dass es aus den Menschen nicht mehr herauszubekommen ist – selbst, wenn sie in Deutschland leben und im Bus nicht mehr kämpfen müssen.

Unangenehm stößt mir zudem nach wie vor auf, wenn sich türkischstämmige Menschen in gewissen Situationen nicht so oft bedanken, wie ich das sonst gewohnt bin. Aber auch an dieser Stelle ist mir der Grund dafür beim offenbar höchst kulturell aufschlussreichen Busfahren in der Türkei klar geworden. Selbst in den vollgestopften Bussen herrscht eine ganz klare Hierarchie bei der Vergabe der Sitzplätze: erst alte Frauen und Schwangere, dann alte Männer und Kinder, dann die übrigen Frauen und erst dann (was vermutlich in den immer vollen Bussen niemals vorkommt) die restlichen Männer. Einer alten Frau den Sitzplatz anzubieten, hat in der Türkei nichts mit Höflichkeit zu tun, sondern ist eine absolute Selbstverständlichkeit. Daher bedankt sich die alte Frau auch nicht dafür, dass man ihr Platz macht, sondern sie weiß einfach: Dieser Platz gehört mir, weil das hier so ist. Mittlerweile weiß ich also, dass es nichts mit Unhöflichkeit zu tun hat, wenn sich niemand aus diesem Kulturkreis bei mir bedankt, wenn ich nach einem harten Arbeitstag meinen Sitzplatz im Bus räume. Tatsächlich gilt es in der Türkei sogar als unhöflich, wenn man als nächster in der Sitzplatz-Reihenfolge das Angebot nicht annimmt. Das habe ich am eigenen Leib erfahren, als einmal ein Platz entgegen der Fahrtrichtung frei wurde. Ich bekomme beim Fahrstil der türkischen Busfahrer sowieso schon beinahe einen Herzinfarkt und noch dazu wird mir – auch in Deutschland – beim Fahren entgegen der Fahrtrichtung schlecht. Also habe ich den angebotenen Platz mit einem »Nein, danke« abgelehnt, weil mein Türkisch für »Vielen lieben Dank, aber mir wird beim Fahren entgegen der Fahrtrichtung übel« nicht reichte. Dafür habe ich richtig böse Blicke geerntet, und man hat vehement darauf beharrt, dass ich mich setze. Habe ich natürlich gemacht – du kannst dir vorstellen, wie das ausgegangen ist. Kulturelle Unterschiede sind manchmal schwer zu überbrücken oder erfordern, wie in meinem Fall, schon mal eine mehr oder weniger große Opferbereitschaft. Ich denke, in manchen Bereichen kann man das trotzdem von Menschen erwarten, die sich für ein Leben in einem anderen Land entschieden haben. In anderen Fällen tun beide Seiten gut daran, aufeinander zuzugehen und zu akzeptieren, dass nicht alle Unterschiede überwundern werden können und auch nicht müssen.

Man kann auch nicht behaupten, dass sich türkischstämmige Menschen gar nicht anpassen. Ich wähle mal ein ganz banales Beispiel: den Döner. So, wie wir ihn in Deutschland kennen, existiert er in der Türkei nicht. Wer in der Türkei einen Döner bestellt, bekommt nicht etwa ein gefülltes Fladenbrot, sondern ein Tellergericht serviert. Es besteht in der Regel aus dem Döner Kebab (»sich drehendes Grillfleisch«), einer Beilage wie Pommes oder Reis und Salat. In Deutschland wurde das Gericht den Geschmäckern und der Mitnehmkultur angepasst. Das Fladenbrot in seiner Ursprungsform gibt es in der Türkei nicht mal ganzjährig zu kaufen. Es ist nämlich das »Ramazan Pidesi« (Ramadan-Brot), und daher wird es in der Türkei nur in der Zeit des Fastenmonates flächendeckend in den Bäckereien angeboten. In Deutschland ist das Fladenbrot ganzjährig zu kaufen.

Wie der Glaube an Gott die Integration erschweren kann

Der dritte große und aus meiner Sicht besonders einflussreiche Grund für Differenzen zwischen Türkischstämmigen und »Deutschen« ist die Religion. Wenn man es einmal herunterbricht, ist das schon traurig: Einem Menschen, der an Gott glaubt (eine für ihn gute, friedliche, höhere Macht), wird deutlich vermittelt, dass er aufgrund seines Glaubens eine Gefahr für die deutsche Gesellschaft ist. Natürlich kommt diese Angst der »Deutschen« nicht von ungefähr. Jenseits von Rechtsradikalen haben sich die flächendeckenderen Vorbehalte gegen Muslime in Deutschland vor allem nach dem Terroranschlag am 11. September 2001 in den USA ausgebreitet. Die Attentäter von New York haben, wie sie sagten, im Auftrag von Allah tausende Menschen umgebracht. Und das mitten in einer zivilisierten, modernen Gesellschaft. Danach war klar: Das kann uns in Deutschland auch passieren. Und wenn Muslime so etwas tun, dann sind sie gefährlich.

Islamismus ist auch in Deutschland ein echtes Problem. Das lässt sich nicht kleinreden. Aber es ist wichtig, zwischen Islam und Islamismus zu unterscheiden. Im Vergleich zum islamischen Glauben ist Islamismus eine Form des politischen Extremismus. Muslime, die keine Islamisten sind – und das ist die absolut größte Mehrheit –, kritisieren diese genauso scharf wie andere Menschen auch. Und diese Muslime leiden am meisten unter den Islamisten: Sie können nicht nur genauso zu Opfern ihrer Gewalt werden, sondern es wird auch ihr Ansehen auf der ganzen Welt beschädigt. Ein Islamist ist aus der Sicht »normaler« Muslime kein Moslem, sondern jemand, der den Islam missbraucht, um seine politischen Ziele durchzusetzen. Das ist ein bisschen so wie im Fußball: Es gibt eine große Anzahl von »Ultras«, die vom Spiel selbst nichts mitbekommen, sondern die Sportveranstaltung nur dazu nutzen, Gewalt auszuleben. Aber niemand käme deswegen auf die Idee zu sagen, dass alle Fußballfans Schlägertypen sind.

Gewalttätige Menschen mit verqueren Ansichten gibt es überall. Dabei ist es egal, welche Gruppe sich radikalisiert. Denn ob es jetzt Islamisten, rechts- oder linksradikale Deutsche sind: Radikale Menschen sind gefährlich für unsere Gesellschaft, und dagegen muss etwas unternommen werden. Aber alle Menschen islamischen Glaubens über einen Kamm zu scheren und davon auszugehen, dass ihr Glaube sie grundsätzlich zu Gotteskriegern macht, ist in etwa so zutreffend, wie alle Katholiken als Kreuzritter zu bezeichnen, nur weil im 13. Jahrhundert zahlreiche Katholiken zahlreiche Araber umgebracht haben.

Sind Muslime eine Gefahr für die deutsche Kultur?

Ich glaube, die größte Angst vieler »Deutscher« ist, dass irgendwann von der eigenen Kultur (die stark durch christliche Werte geprägt ist) nichts mehr übrigbleibt und »der Islam« übernimmt. Mal ganz abgesehen davon, dass viele christliche und muslimische Werte gleich sind – zum Beispiel ein respektvoller Umgang miteinander oder Solidarität mit Ärmeren: Wie realistisch ist es, dass sich der Islam weiter in Deutschland ausbreitet? Fakt ist: Die Zahl der Muslime in Deutschland wird in den kommenden Jahren deutlich steigen. Das liegt zum einen daran, dass viele Flüchtlinge, die derzeit nach Deutschland kommen, Muslime sind. Zum anderen ist die Geburtenrate bei hier lebenden Muslimen viel höher. Das kommt wiederum auch daher, dass Familie bei den meisten praktizierenden Gläubigen (völlig egal, ob Christen oder Muslime) noch einen höheren Stellenwert einnimmt und Familien mit mehr als einem Kind eher üblich als ungewöhnlich sind. Außerdem ist das Rollenbild »Die Frau kümmert sich um die Familie, der Mann arbeitet« in vielen muslimischen Familien noch präsenter und lebendiger.

In Bezug auf die Angst, dass Deutschland fest in muslimische Hände geraten könnte, wirkt aus meiner Sicht auf viele Nicht-Muslime einschüchternd, mit welcher Selbstverständlichkeit der Islam gelebt wird. Während die christlichen Kirchen in Deutschland zunehmend um ihre Mitglieder fürchten müssen und sich gerade junge Leute immer weniger von der Kirche angesprochen fühlen, ist der Glaube für viele Muslime – ob jung oder alt – fester Bestandteil ihres Alltags.

Die Frage ist aber, wie »schlimm« das ist, dass diese Menschen nun mal einen muslimischen Glauben haben. Denn wirklich gefährlich wird ja nur, wer sich radikalisiert oder versucht, einen andersgläubigen Menschen mit Nachdruck zu bekehren. Natürlich gibt es diese Gläubigen auch, aber nicht jeder will uns dazu zwingen, Moslem zu werden oder eine Moschee mit zehn Minaretten vor die Tür setzen (zwei bis vier reichen sicher auch). Genauso wenig, wie alle Christen in Deutschland Missionare sind (auch nicht die streng katholischen), sind alle Moslems davon besessen, Andersgläubigen den Islam überzustülpen.

Ich habe einmal mit einer Freundin die türkische Stadt Bursa besucht. Wir blieben beim Ruf des Muezzins zum Gebet vor einer großen Moschee stehen und wurden von einer Frau mittleren Alters angesprochen. Sie fragte uns, ob wir mit in die Moschee kommen wollten, um uns das einmal anzusehen. Wir hatten angenommen (warum auch immer), dass Muslime beim Gebet unter sich sein wollen. Da wir noch nie bei einem Gebet dabei waren, freuten wir uns über das Angebot. Die Frau nahm uns mit in die Waschräume, zeigte uns genau, wie man sich vor dem Gebet zu waschen hatte. Als wir in die Moschee kamen, waren wir erst einmal sehr überrascht, dass Männer und Frauen zusammen in dem großen Raum beteten. Wir kannten bisher nur das Klischee, dass Frauen in einen gesonderten Bereich »abgeschoben« werden würden. Doch hier standen alle zusammen. Danach unterhielten wir uns noch kurz mit der Frau, aber sie hat nicht mit einem Satz versucht, uns irgendwie zu bekehren. Sie war einfach stolz, uns zeigen zu können, woran sie glaubt.

Was das Getrenntbeten angeht, ist es natürlich trotzdem in vielen Moscheen so, dass Männer im Hauptraum beten und Frauen entweder auf einer höheren Etage oder hinter einer Abtrennung. Dass aber auch das nicht alle muslimischen Frauen als Unterdrückung empfinden, hat mir eine Muslima in der Kölner Zentralmoschee erzählt. Im Islam wird sehr körperbetont gebetet – wie ich beim Gebet in der Moschee in Bursa selbst erfahren habe. Da macht man mehr Sport als in manchem YouTube-Yoga-Tutorial. Das heißt, die Gläubigen gehen dabei zum Beispiel auf die Knie und legen den Oberkörper ab, bis der Kopf die Knie berührt. Dabei strecken sie, so gesehen, manchmal ihrem Hintermann den Allerwertesten ins Gesicht. Die Muslima in Köln sagte mir, dass viele Frauen es deswegen angenehmer fänden, an einem getrennten Ort zu beten.

Frauen mit Kopftuch sind nicht gleich unterdrückt

Noch ein anderes großes Thema beschäftigt »die Deutschen« sehr: das Kopftuch. Es gilt für viele als Symbol der Unterdrückung muslimischer Frauen, denn sie können sich nicht vorstellen, warum sich jemand freiwillig zu einer so starken optischen Veränderung entscheidet. Dabei habe ich drei Frauen kennengelernt, die sich ganz bewusst und ohne, dass jemand es ihnen vorgeschrieben hätte, dafür entschieden haben.

Eine von ihnen ist Betül. Ich habe sie im Türkischsprachkurs kennengelernt. Ihre Eltern sind Kurden, und die Familie ist aus der Türkei nach Deutschland geflohen, als Betül noch ein kleines Kind war. Zu Beginn des Sprachkurses konnte Betül bereits fließend Türkisch, wollte aber ihre schriftlichen Sprachkenntnisse auffrischen und vermutlich auch auf einfachem Weg an einen Leistungsnachweis kommen. Die junge Frau hat mir erzählt, dass ihre Mutter zwar ein Kopftuch trägt, aber immer sehr dagegen war, dass Betül ebenfalls ihren Kopf bedeckt, denn sie wusste um die schlechteren Aufstiegschancen ihrer Tochter mit Kopftuch. Bis zum Beginn ihres Studiums trug Betül tatsächlich auch keines. Aber dann lernte sie ihren Freund und später Verlobten kennen. Auch er hat Betül nie darum gebeten, ein Kopftuch zu tragen. Sie selbst hat sich aber dafür entschieden, »ihre ganze Schönheit« nur ihrem Mann zu zeigen. Ich stelle mir das so vor wie bei Frauen, die keinen Sex vor der Ehe haben wollen. Das ist zwar in beiden Fällen eine sehr besondere Entscheidung, aber zumindest im Fall von Betül eine, die ihr nicht von außen aufgedrängt wurde, sondern zu der sie sich selbst bewusst entschieden hat. Und sie hatte den Vergleich, da sie schließlich ihre ganze Jugend ohne Kopftuch gelebt hat.

Die zweite Frau ist Ayşe. Sie hat mich besonders beeindruckt, weil ich im Gespräch mit ihr innerhalb von wenigen Minuten viele meiner eigenen Vorurteile über Bord werfen konnte. Ich habe Ayşe im Transferbus vom Istanbuler Flughafen in die Stadt kennengelernt, als ich gerade mein Auslandssemester begonnen hatte. Sie setzte sich neben mich und lächelte mir freundlich zu – das haben zumindest ihre Augen verraten, denn mehr konnte ich von ihrem Gesicht nicht sehen. Sie trug einen Niqab, war also komplett bis auf die Augen in schwarz verschleiert. Als ich sie in meinem bröckeligen Türkisch fragte, wie viel die Busfahrt kosten würde, antwortete sie mir in perfektem Deutsch mit einem stark österreichischen Akzent. Ich will gar nicht wissen, wie entgeistert ich sie in dem Moment angesehen habe. Entgegen meiner eigenen Vorurteile war diese junge Frau aus Österreich sehr aufgeschlossen. Sie war erst achtzehn Jahre alt und vor drei Jahre aus Österreich weggegangen, um in Istanbul eine Ausbildung zur Arabischlehrerin zu machen. Sie sagte, sie sei mit Minirock und Piercing gekommen und habe sich dann aber in der Schule irgendwann komplett verschleiert – freiwillig. Sie meinte, sie hätte sich damit einfach wohler gefühlt. Im Minirock sei es immer so viel um Optisches gegangen und darum, auf sich aufmerksam zu machen. Wenn sie jetzt Männer wie Frauen kennenlernt, würden sich Gespräche auf einer anderen Ebene abspielen und es ginge mehr um die inneren Werte.

Die dritte Frau ist Nadja. Ich habe sie während eines Drehs für ein Filmprojekt kennengelernt. Sie hat mir erzählt, dass sie das Kopftuch trägt, um ihren Glauben nach außen zu zeigen – so wie viele Christen eine Kette mit einem Kreuz um den Hals tragen. Neben Frauen wie Nadja, die das Kopftuch ganz bewusst als Zeichen ihrer Religion tragen, gibt es auch viele, die diesen Brauch erstmal gar nicht hinterfragen. Sie machen es, weil man das als Muslima halt so macht, das gehört einfach dazu. Das ist vergleichbar damit, dass viele Christen gar nicht mehr wissen, weshalb Weihnachten gefeiert wird. Sie gehen dann trotzdem in die Kirche, weil man das eben so macht. Ähnliches gilt für die Hochzeit in Weiß oder andere Feiertage: Obwohl vermutlich ein Großteil der Deutschen nicht weiß, was der Hintergrund von Pfingsten oder Fronleichnam ist, schaffen wir diese Feiertage nicht ab. Klar, ein Kopftuch zu tragen, ist eine Entscheidung, die den Alltag und auch das eigene Aussehen verändert. Aber ich finde es erstaunlich, dass sich die Deutschen so sehr über das Tragen von Kopftüchern bei Musliminnen aufregen, aber es niemanden zu stören scheint, dass auch Nonnen Kopfbedeckungen tragen. Bei Letzteren ist das ein Zeichen, um ihre Zugehörigkeit zu einer Ordensgemeinschaft zu signalisieren und deutlich zu machen, dass ihre Individualität nicht so bedeutend ist wie die Gemeinschaft. Eine Nonne würde jeder Deutsche als harmlosen, ja sogar besonders friedlichen Menschen bezeichnen. Eine muslimische Frau mit Kopftuch ist hingegen bedrohlich oder mindestens unterdrückt.

Es gibt mit Sicherheit zahlreiche unterdrückte Musliminnen, bestimmt auch in Deutschland. Aber sich anzumaßen, aufgrund von Kopftüchern oder getrennt sitzenden Gläubigen in der Moschee ein Urteil darüber fällen zu können, ob türkische Frauen und Männer eine gleichberechtigte Beziehung führen, ist absolut unangemessen. Die meisten türkischstämmigen Frauen in

Deutschland sind keine unmündigen Wesen, die sich von ihren Männern unterdrücken lassen. Im Gegenteil: Ich habe schon oft mitbekommen, dass sie es sind, die zu Hause »die Hosen« anhaben. Besonders die hier geborenen Frauen wissen, dass sie in Deutschland auch eine andere Wahl hätten, selbst wenn sie sich manchmal durch familiäre Strukturen unter Druck gesetzt fühlen. Und ganz ehrlich: Wie viel Gleichberechtigung gibt es denn in den christlichen Kirchen? Besonders die katholische ist davon meilenweit entfernt. Tatsächlich saßen vor gar nicht allzu langer Zeit auch hier noch Männer und Frauen getrennt voneinander in der Kirche. Mein Vater hat das noch erlebt.

Gleichberechtigung ist nicht nur in der deutschen Gesellschaft ein wichtiger und erstrebenswerter Zustand. Und die religiösen Gemeinschaften, egal welcher Ausprägung, müssen sich zwangsläufig damit auseinandersetzen. Das machen sie auch. Aber so wie Rom nicht an einem Tag erbaut wurde, lassen sich diese über Jahrhunderte gewachsenen Strukturen nicht einfach umwerfen. Die Mühlen mahlen langsam, sicher auch zu langsam, aber das hat mehr mit den Strukturen innerhalb der Religionen zu tun als mit dem Glauben an sich.

Es ist so viel zielführender, sich neben den vorhandenen Unterschieden vor Augen zu führen, wie viele Gemeinsamkeiten es in den Religionen gibt. Denn auch die sind definitiv vorhanden. So wissen viele Christen zum Beispiel nicht, dass Jesus auch im Islam eine wichtige Rolle spielt. Jesus von Nazaret wird im Koran »Isa ibn Maryam«, also der »Sohn der Maria« genannt. Hier wird er als einer der fünf Gesandten Allahs verstanden und ihm werden genau wie in der Bibel besondere Fähigkeiten wie das Heilen von Menschen zugesprochen. Allerdings halten Muslime Jesus nicht für den Sohn Gottes und sie glauben auch nicht daran, dass er gekreuzigt wurde. Für sie ist es ebenso befremdlich, dass »ihr« Prophet im Christentum am Kreuz endet oder dass Christen »seinen

Leib essen« wie für Christen, dass Muslime auf Schweinefleisch verzichten und Frauen ein Kopftuch tragen.

Auch türkischstämmige Menschen schätzen Deutschland

Türkischstämmige Menschen werden sehr schnell mit dem Islam in Verbindung gebracht, dabei ist längst nicht jeder türkischstämmige in Deutschland gläubig. Eine groß angelegte Studie der Uni Münster hat ergeben, dass nur 28 Prozent der Türkischstämmigen regelmäßig eine Moschee besuchen und nur 45 Prozent regelmäßig beten.

Und selbst unter den Gläubigen ist der Glaube ja bei Weitem nicht alles, was einen türkischstämmigen Menschen ausmacht. Viele von ihnen fühlen sich zwar zwischen der türkischen und deutschen Kultur zerrissen, aber sie wollen auch nicht (zurück) in die Türkei gehen. Und das hat nicht nur etwas damit zu tun, dass wir hier so einen tollen Sozialstaat haben und angeblich jeder die Hand aufhalten darf, sondern auch damit, dass viele Türkischstämmige Deutschland wegen seiner Kultur und Struktur schätzen. Ob es das Schulsystem und die Bildungschancen sind, die Meinungsfreiheit, die Zuverlässigkeit oder Ordnung. Im Kleingartenverein bei uns um die Ecke hat eine türkische Pächterfamilie einen »englischeren« Rasen als jeder Deutsche. Für das, was ihnen an der deutschen Kultur gefällt, kämpfen Türkischstämmige genauso wie Menschen ohne Migrationshintergrund. Kulturen wachsen doch zusammen, und nur weil die türkische Kultur in Deutschland mit einfließt, ist die deutsche, die über Generationen auch an Menschen mit ursprünglich anderer Herkunft weitergegeben wurde, nicht einfach verschwunden. Wem Deutschland nicht Türkisch genug ist, der geht in der Regel in die Türkei zurück: Im Jahr 2006 wanderten erstmals nach dem Anwerbeabkommen mehr Menschen von Deutschland in die Türkei aus als umgekehrt.

Wir sollten uns auch gar nicht wünschen, dass keine Muslime mehr zuwandern. Die »Deutschen« bekommen zu wenige Kinder, und dadurch wird die Gesellschaft immer älter. Nach einer Studie des Institutes Pew Research Center in Washington wird die europäische Population ohne muslimischen Hintergrund im Jahr 2050 von 521 auf 482 Millionen sinken. Das bedeutet: Wenn nicht entweder mehr Menschen zuwandern oder die Deutschen in Zukunft deutlich mehr Kinder bekommen, können wir unser Sozial- und Rentensystem nicht aufrechterhalten. Die Rentenzahlungen sind Gelder, die von allen arbeitenden Steuerpflichtigen eingezahlt werden – also in Deutschland auch von den zahlreichen steuerpflichtigen Menschen mit Migrationshintergrund. Wenn das Verhältnis von Rentnern zur arbeitenden Bevölkerung nicht stimmt, kann auch niemand die Rente bezahlen. Also sind wir darauf angewiesen, dass die deutsche Bevölkerungsentwicklung mindestens stagniert, sonst wird es im Alter eng. Da es unwahrscheinlich ist, dass »deutsche« Frauen auf einmal deutlich mehr als ihre durchschnittlichen anderthalb Kinder bekommen, sollten wir einen Weg finden, alle in Deutschland Lebenden als wichtigen Teil des Systems zu sehen. Es gibt Türkischstämmige, die sich (zu) wenig Mühe geben, sich in bestimmten Punkten an das Land, in dem sie leben, anzupassen. Genauso gibt es Deutsche, die türkischstämmigen Menschen keine Chance geben, sich als gleichwertiger Teil der Gesellschaft zu empfinden. Ohne Dialog geht das nicht. Denn wenn ich das mal überspitze: Ist es so viel besser, wenn eine rechtsradikale Partei die Regierung übernimmt, als wenn Deutschland islamisiert wird? Ich für meinen Teil möchte beides nicht und hoffe darauf, dass mehr für das gegenseitige Verständnis getan wird. Reden hilft – ist so!

2. Kapitel

Die Penner

Oder: Warum es nur ein Mythos ist, dass in Deutschland niemand auf der Straße leben muss

»Obdachlosen gebe ich kein Geld, in einem Land wie Deutschland muss ja wohl niemand auf der Straße leben« – diesen Spruch habe ich schon so oft von Bekannten, Freunden und sogar in der Familie gehört, und er macht mich mittlerweile richtig wütend. Heißt ein Leben im Sozialstaat Deutschland, dass niemand auf der Straße leben muss? Bevor ich auf die Frage eingehe, wie leicht man in Deutschland Hilfe bekommt, wenn man denn nur will, ist es hilfreich, ein paar Dinge zu klären.

Wann gilt man in Deutschland eigentlich als obdachlos?

Zunächst einmal wird unterschieden zwischen wohnungslosen und obdachlosen Menschen. Wohnungslos ist der Oberbegriff für alle Menschen, die keinen festen Wohnsitz, sprich keine eigene Wohnung mit Mietvertrag haben. Sie schlafen nicht zwangsläufig auf der Straße, sondern viele kommen (zumindest zeitweise) bei Bekannten unter oder nehmen Hilfsangebote für Wohnungslose wahr. Dazu zählen zum Beispiel auch Flüchtlinge, die in Asylunterkünften untergebracht sind. Obdachlose sind hingegen Wohnungslose, die – um es hier mit dem Klischee zu sagen – unter der Brücke schlafen, beziehungsweise draußen in Parks, Wohnungseingängen, Abrisshäusern oder ähnlichem. Auch Obdachlose übernachten gerade im Winter teilweise in Notunterkünften, aber sie haben nicht mehr diese festen Anlaufstellen, bei denen sie wissen, dass sie sicher (zeitweise) unterkommen.

Erkenne ich Wohnungslose und Obdachlose sofort?

Das klassische Vorurteil sieht vermutlich so aus: Der »Penner« von der Straße, der an öffentlichen Plätzen mit drei Pullen Bier und einer Flasche Schnaps rumhängt. Sehr oft männlich, meist ungepflegt. Solche Menschen gibt es, aber es ist erstaunlich, welch geringen Anteil sie unter den Wohnungslosen ausmachen. Die Bundesgemeinschaft für Wohnungslosenhilfe hat Ende 2019 veröffentlicht, dass im Vorjahr schätzungsweise 678 000 Menschen in Deutschland ohne Wohnung waren. »Nur« 41 000 davon lebten auf der Straße. Bei den restlichen 637 000 Menschen würde ich wetten, dass man die meisten von ihnen auf der Straße gar nicht erkennt. Sehr viele Wohnungslose schämen sich dafür, dass sie keinen festen Wohnsitz haben, und versuchen mit aller Kraft, das nach außen zu verbergen. Sie sind oft gepflegt und gehen teilweise noch ihren Berufen nach; in Berlin sind zum Beispiel etwa zehn Prozent der Wohnungslosen berufstätig. Vielleicht hast du auch schon einmal bemerkt, dass einige Pfandsammler nicht so aussehen, wie man sich zunächst jemanden in einer finanziellen Notlage vorstellen würde. Wäre die Person nicht gerade dabei, Pfandflaschen aus dem Mülleimer zu angeln, würde sie im normalen Straßenbild nicht weiter auffallen.

Wie wird man wohnungslos oder gar obdachlos?

An dieser Stelle möchte ich dir die Geschichte von Marita und Dominik erzählen. Sie haben drei Kinder und beide einen Job. Marita ist Journalistin, Dominik Installateur. Seit zehn Jahren wohnen sie in München, vier davon in ihrer derzeitigen Wohnung. Doch dann meldet der Vermieter Eigenbedarf an. Drei Monate bleiben den beiden, um für sich und ihre drei Kinder eine neue Bleibe zu finden. Abgesehen davon, dass in München, wie in vielen anderen Städten, deutlich weniger Wohnungen zur Verfügung stehen als nötig wären, sind die Mietpreise in den letzten Jahren so in die Höhe geschnellt, dass sich Marita und Dominik mit ihren Gehältern eine Wohnung wie die bisherige nicht mehr leisten können.

Hast du schon einmal versucht, in einer Großstadt eine (neue) Wohnung zu finden? Mein Mann und ich haben viele Jahre in Köln gelebt. Die erste Wohnung dort hatte er allein bezogen. Dabei ist Wohnung absolut übertrieben: Es war ein winziges Apartment von 18 Quadratmetern, in das wegen des schlechten Schnitts nicht einmal ein normaler Esstisch mit Stühlen passte. Um die winzige Toilette zu benutzen, musste man quasi rückwärts einparken, ein Fenster gab es darin nicht. Dafür hat er 400 Euro monatlich bezahlt – und das Apartment auch nur bekommen, weil er eine Art Bewerbungsschreiben dabei hatte mit Foto, Elementen aus seinem Lebenslauf, Versicherung seiner Finanzkraft und so weiter. Er konnte sich absolut glücklich schätzen, diese kleine Bleibe ergattert zu haben, denn immerhin hatte er etwa fünfzig Mitbewerber, die liebend gerne mit ihm getauscht hätten.

In Städten wie München ist die Lage noch angespannter. Vor dem Problem der vielen Mitbewerber stehen hier auch Marita und Dominik. Sie telefonieren wochenlang mit Vermietern, Wohnungsbaugenossenschaften oder Maklern – ohne Erfolg. Bei Wohnungen, die sie sich irgendwie leisten könnten, stellen sie fest, dass die Vermieter keine Kinder im Haus haben wollen. Das »passe nicht ins Konzept der Wohngemeinschaft« – um nicht zu sagen, Kinder sind zu laut und nerven. Da die Zeit drängt, suchen die beiden immer weiter stadtauswärts in ländlicheren Gebieten. Hier werden die Wohnungen etwas günstiger, aber vor Ort gibt es keine Jobs und daher müssten sie teilweise anderthalb Stunden pro Strecke zur Arbeit pendeln. Sie stellen fest, dass sie sich das nicht leisten können, da ihr jüngstes Kind keinen Kindergartenplatz bekommen hat und seine Versorgung mit Job plus Arbeitsweg nicht sichergestellt werden könnte.

Nachdem sie drei Monate keine neue Wohnung gefunden haben, geht die Räumungsklage bei ihnen ein. Mittlerweile haben sie auch schon alle möglichen staatlichen wie karitativen Hilfseinrichtungen sowie Anbieter von Sozialwohnungen abtelefoniert. Aber der Bedarf ist so hoch, dass derzeit keine Unterbringungsmöglichkeiten frei sind. Die Eltern von Marita und Dominik wohnen nicht in Bayern, sodass sie auch dort nicht unterkommen können, ohne ihre Jobs zu kündigen. Da sie nach der Räumungsklage einfach nicht mehr wissen, wohin sie gehen sollen, dürfen sie zu einer befreundeten Familie ins Wohnzimmer der 55-Quadratmeter-Wohnung ziehen.

Ab jetzt sind sie wohnungslos, was die Wohnungssuche nicht gerade erleichtert. Weil sie beide einen Job haben, finden sie glücklicherweise nach einigen Wochen – kurz vor dem Nervenzusammenbruch aller Beteiligten – über Kontakte der befreundeten Familie eine neue Bleibe. Aber sie hätten sich nie vorstellen können, dass eine Familie aus der Mittelschicht so schnell auf der Straße stehen kann.

Werden nur Ungebildete obdachlos?

Auf gar keinen Fall. Das Einkommen kann eine Rolle spielen – Menschen mit geringen finanziellen Möglichkeiten geraten meist noch schneller in die Wohnungslosigkeit und der Übergang zur Obdachlosigkeit ist oft fließend. Wer wenig Geld zur Verfügung hat, für den wird eine Notlage, wie zum Beispiel ein Jobverlust, schneller brenzlig. Aber grundsätzlich können Menschen aus jeder gesellschaftlichen Schicht auf der Straße landen, wie auch das Beispiel von Marita und Dominik gezeigt hat. Ich habe sogar einmal eine Dokumentation über einen Manager gesehen, der von einer Topposition in die Obdachlosigkeit rutschte, und das, weil es ihm ging, wie vielen anderen auch: Trennung von der Frau, Entzug des Sorgerechts für die Kinder, in den abhängigen Alkoholkonsum geraten, dadurch erst den Job und nachher die Wohnung verloren.

In einem Kölner Begegnungszentrum, in dem ich einmal gearbeitet habe, lernte ich Nina kennen. Sie leitete dort eine Art Selbsthilfegruppe für Obdachlose. Ein paar Jahre vorher war sie selbst obdachlos und hat nach vielen Jahren auf der Straße den Weg »zurück in die Gesellschaft« geschafft. Offen hat Nina mir erzählt, wie das kam und wie sie überhaupt erst auf der Straße gelandet ist: Nach dem Hauptschulabschluss hat sie eine Ausbildung als Reise- und Verkehrskauffrau gemacht, danach zwölf Jahre in einem Reisebüro gearbeitet. Als das Internet und seine Möglichkeiten populär wurden, buchten immer weniger Reisende im Reisebüro und Nina wurde entlassen. Sie schrieb unzählige Bewerbungen, aber in anderen Unternehmen sah es nicht besser aus und sie bekam nur Absagen.

Zur gleichen Zeit gab es Ärger mit ihrem Freund Danny. Als sich die beiden kennenlernten, schien er die »ganz große Liebe« zu sein. Nach Ninas schwieriger Kindheit endlich jemand, der sie liebte und dem sie vertrauen konnte. Schnell zog das Paar in eine gemeinsame Wohnung. Je länger die beiden zusammen waren, desto schwieriger wurde die Beziehung. Danny wurde immer aggressiver, schlug Nina auch irgendwann. Doch sie blieb bei ihm, da sie ihn liebte und Angst vor einem Leben allein hatte. Außerdem entschuldigte sich Danny nachher immer: Es tue ihm leid und er liebe sie doch.

Nina und Danny planten ihre gemeinsame Zukunft. Danny wollte einen VW-Bus kaufen, damit sie damit reisen konnten. Er habe einen tollen neuen Job in Aussicht und könne die Schulden, die sie für den Bus aufnehmen müssten, ganz schnell zurückzahlen, versprach er ihr. Nina glaubte ihm – bis Danny irgendwann nicht mehr nach Hause kam. Wie sie über Bekannte erfuhr, hatte Danny mit dem Geld kein neues Auto gekauft, sondern es verzockt – er war spielsüchtig. Er hatte sich irgendwohin abgesetzt und sich eine neue Handynummer zugelegt, sodass Nina ihn nicht mehr ausfindig machen konnte. Danny hatte die von Nina lang angesparten 2000 Euro vom gemeinsamen Konto genommen und sie noch dazu mit 18000 Euro Schulden allein in der Wohnung sitzen gelassen.

Danach fiel Nina in eine schwere Depression. Sie fühlte sich nutzlos und ungeliebt. Wochenlang verließ sie ihre Wohnung kaum, konnte sich nicht mal aufraffen, einkaufen zu gehen und bestellte mit dem letzten Bargeld nur noch beim Lieferservice. Besuch kam selten. Ihren Vater hatte Nina nie kennengelernt, ihre Mutter war mit der Kindererziehung immer überfordert gewesen. Sie hatte sich mit einem anderen Mann nach Brasilien abgesetzt, als Nina jugendlich war und seither nichts mehr von sich hören lassen. Ninas wenige gute Freunde kamen sie nach Dannys Verschwinden anfangs noch besuchen, wussten aber mit ihrer Depression nicht umzugehen und konnten nicht verstehen, warum sie sich nicht helfen ließ. Nur ihre beste Freundin Christina hielt noch zu ihr.

In Deutschland dürfen Vermieter nach zwei Wohnungsmieten Rückstand die Wohnung kündigen. Als Nina die dritte Miete in Folge nicht bezahlen konnte (der Vermieter war schon einen Monat »kulant« gewesen), wurde sie hinausgeworfen. Christina und deren Freund gewährten ihr erst einmal Unterschlupf. Doch nach einigen schwierigen Wochen ging auch das nicht mehr gut. Aufgrund ihrer Depression hatte es Nina nicht geschafft, beim Amt Arbeitslosengeld zu beantragen.

Staatliche Hilfen muss man annehmen können

Jetzt kommen wir zu dem Klischee: »Es muss niemand auf der Straße leben, da es staatliche Hilfen gibt.« Ja, grundsätzlich gibt es Hilfe vom Staat, auch in finanzieller Hinsicht. Wohnungslose Menschen haben zunächst wie jeder andere Anspruch auf Arbeitslosengeld, Hartz IV oder Sozialhilfe. Aber – und das ist der entscheidende Punkt – sie müssen auch in der Lage sein, diese Hilfen zu beantragen. Warst du schon mal beim Amt? Ich hatte bereits das »Vergnügen«. Zum Ende meines Studiums hatte man mir empfohlen, mich vorsichtshalber arbeitslos zu melden, weil noch nicht feststand, ob ich direkt im Anschluss einen festen Job finden würde. Also habe ich versucht, einen Termin zu bekommen.

Bei der Hotline kam ich tagelang nicht durch. Also bin ich direkt zum Amt gefahren (in meinem Fall eine halbe Stunde Anfahrt pro Strecke), um mir vor Ort einen Termin geben zu lassen. Ich habe eine ganze Stunde in der Warteschlange gestanden, nur um mir dann anzuhören, dass für heute keine Termine mehr vergeben werden könnten. Ich möge doch bitte zu Hause das Onlineformular benutzen und mir einen Termin reservieren. Das habe ich dann versucht. Ich halte mich wirklich nicht für auf den Kopf gefallen, bin eher ein organisierter Mensch und technisch nicht ganz unbegabt, aber dieses Online-Formular hat mir den letzten Nerv geraubt. Es hat über eine Stunde gedauert, bis ich es abschicken konnte. Es stellte sich zum Beispiel nur durch Ausprobieren heraus, dass im Formular keine Umlaute benutzt werden konnten.

Wenn es schon ein großes Problem darstellt, einen Termin zu beantragen, kannst du dir in etwa vorstellen, wie der Antrag auf Arbeitslosengeld oder Ähnliches aussieht. Mein Mann hat schon einmal versucht, Arbeitslosengeld zu beantragen. Als wir in eine andere Stadt gezogen sind, wechselte er den Job und hatte dazwischen einen Monat frei. Ihm war empfohlen worden, sich für diese Zeit um Arbeitslosengeld zu kümmern. Im Endeffekt ist er von Amt zu Amt gerannt: Keiner wusste, wer bei einem Umzug zuständig ist und was ihm wann zustehen würde. Es war ein riesiger bürokratischer Aufwand – und Geld gab es am Ende keins. Schon einen gesunden Menschen bringt das an den Rand der Verzweiflung, aber für einen depressiven oder ansonsten angeschlagenen Mensch ist es aus meiner Sicht fast unmöglich, sich darum zu kümmern.

So ging es auch Nina. Sie selbst war nicht in der Lage, sich um finanzielle Hilfe zu kümmern, aber ihre Freundin Christina besorgte ihr Termine. Doch Nina verpasste zwei davon, da sie es einfach nicht schaffte, ihr Bett zu verlassen. Dadurch schwand jegliche Aussicht darauf, zeitnah eine neue Wohnung für sich zu finden. Ohne Job und mit einem schlechten SCHUFA-Eintrag durch die Schulden, die Danny ihr hinterlassen hatte, war die Chance auf eine neue Wohnung gleich Null. Als Christina an der Situation beinahe zu Grunde ging und ihre eigene Beziehung zu scheitern drohte, wusste sie sich nicht anders zu helfen, als Nina vor die Tür zu setzen. Da Nina nicht in der Lage war, sich selbst um Hilfsangebote zu kümmern, lebte sie danach zwei Jahre auf der Straße. Wobei sie das Wort »leben« für unpassend hält, es war eher ein Überleben, wie sie erzählte. Sie magerte komplett ab, kam im Winter zwei Mal mit Unterkühlung ins Krankenhaus und musste über sich ergehen lassen, dass ein Mann die zierliche Frau für Freiwild hielt. Nina begann zu trinken, um sich zu betäuben. Wie sie erzählte, vergingen oft Wochen, in denen sie sich selbst nicht mehr wahrnahm, die Zeit verstrich, ohne dass sie nachher sagen konnte, wie sie sie verbracht hatte.

Nach zwei Jahren kam ein Streetworker auf sie zu. Da wog Nina nur noch 36 Kilo. Der Streetworker setzte sich für sie ein und besorgte ihr einen Platz in einer Notunterkunft. Da denkt man jetzt vielleicht: »Gott sei Dank, runter von der Straße.« Das stimmt grundsätzlich – fast alles ist besser als auf der Straße zu leben. Allerdings auch nur fast. Hast du schon mal mit Freunden ein bis zwei Wochen Urlaub gemacht? Selbst wenn man sich sehr gut versteht, ist es doch meist so, dass man nach der Zeit froh ist, wieder in seinen eigenen vier Wänden zu sein und keine Wohnung teilen zu müssen. Und das, obwohl jeder sein eigenes Zimmer hatte. Auch jenseits von Urlaub kennst du vielleicht die Situation, dass es mit den WG-Mitbewohnern oder dem eigenen Partner schwierig wird, wenn man zu eng aufeinander hockt. Ich habe mit meinem Mann in besagter Achtzehn-Quadratmeter-Bleibe in Köln für eine Übergangszeit von zwei Wochen gelebt, bis wir über Kontakte eine gemeinsame Wohnung bekommen haben. Ich sag es mal so: Es war hilfreich für unsere Beziehung, dass es nicht länger als zwei Wochen gewesen sind.

Notunterkünfte bedeuten oft mehr Probleme als eine Lösung

Auch wenn Notunterkünfte zum Beispiel im Winter das Überleben vieler Obdachloser sichern und auch eine wichtige Anlaufstelle darstellen, sind sie kein Vergleich zu den eben beschriebenen Wohnverhältnissen, die wir vielleicht selbst schon kurzfristig erfahren haben und selbst die schon belastend fanden. Wohnungslose wie Obdachlose stehen in Notunterkünften oft vor einer riesigen Herausforderung. Wären zum Beispiel Marita und Dominik mit ihren drei Kindern nicht bei Freunden untergekommen und stattdessen in einer Notunterkunft gelandet, dann hätte die Familie mit fünf Personen in einem kleinen Zimmer ohne eigenes Bad und ohne Küche leben müssen, mit einem Bett pro Person und ansonsten nichts als einem Regal. Und selbst dieses Zimmer hätten sie nur bekommen, wenn Platz gewesen wäre, denn in Deutschland gibt es zwar ein Recht auf Notunterkunft, doch wenn alle besetzt sind, lässt sich keine schnelle Lösung finden. Wenn man sich den Zustand in Notunterkünften über Monate oder sogar Jahre vorstellt (was in Deutschland bei Familien keine Seltenheit ist), dann kann man sich vermutlich in etwa ausmalen, wie viel »besser als nichts« diese Situation ist. Nicht eine Sekunde Ruhe von den Kindern, kein Platz zum Spielen, keinen Raum, um seine paar Habseligkeiten irgendwo zu lassen, und von Intimsphäre oder gar Sex kann da keine Rede sein. Den Streit aus den Nachbarzimmern bekommt man dafür hautnah mit.

Bei Obdachlosen ist es oft noch schwieriger: Sie werden häufig in Mehrbettzimmern mit völlig Fremden untergebracht. Unannehmlichkeiten wie Schnarchen sind hier das geringste Problem. Gerade unter Alkohol- oder Drogenabhängigen sind Diebstahl oder Gewalt keine Seltenheit. Mal ganz zu schweigen davon, dass die Obdachlosigkeit die Menschen nicht gerade zusammenschweißt, eher im Gegenteil: In Notsituationen kommen die unterschiedlichen Charaktere noch mehr zum Vorschein. Da ist es vorprogrammiert, dass es zu Streitigkeiten kommt, und das schon bei vermeintlichen Kleinigkeiten wie der Tatsache, dass der eine lieber um neun Uhr schlafen geht, der nächste erst um Mitternacht das Licht ausmachen möchte. Ich habe schon einmal mit einem Obdachlosen gesprochen, der sagte, er würde lieber auf der Straße erfrieren, als in einer Notunterkunft zu schlafen.

Durch den besonders engagierten Streetworker hat die Geschichte von Nina doch noch eine gute Wendung genommen: Während sie für einige Zeit in einer Notunterkunft bleiben konnte, kümmerte er sich darum, dass sie psychologische Betreuung und nachher einen Platz in einer Suchtklinik bekam. Auch das ist bei Weitem nicht selbstverständlich: Klinikplätze ebenso wie lokale Therapiemöglichkeiten gibt es viel zu wenige. Daher ist es auch beinahe utopisch, bei Drogenabhängigen davon auszugehen, dass sie ihr Drogenproblem ohne Weiteres in den Griff bekommen können. Ein kalter Entzug kann tödlich enden, und selbst wer sich für einen Entzug mit Methadon entscheidet, kann nicht einfach zu einer Anlaufstelle gehen und um eine Ration bitten. Für solche Entzugsprogramme muss man einen Platz bekommen, und das kann Jahre dauern. Bekommen abhängige Obdachlose kein Geld, landen sie schnell in der Beschaffungskriminalität.

Der Streetworker hat Nina das Leben gerettet. Viel länger hätte sie mit ihrem Alkoholkonsum und der Mangel- und Unterernährung nicht überlebt. Mithilfe jahrelanger therapeutischer Begleitung kämpfte sie sich zurück in ein Leben ohne Alkohol und weg von der Straße. Durch diverse Hilfsangebote bekam sie am Ende auch wieder eine eigene Wohnung. Daran musste sie sich nach zwei Jahren auf der Straße allerdings erst wieder gewöhnen. Sich selbstständig darum zu kümmern, dass sie einkaufen gehen muss, der Müll in die Tonne gehört und regelmäßig Termine beim Amt anstehen, damit Strom-, Wasser- und Mietkosten beglichen werden, war für sie eine starke Belastungsprobe. Viele ehemals Obdachlose scheitern an dieser Hürde – je länger sie auf der Straße gelebt haben, desto schwieriger wird die Wiedereingliederung in die sozialen Strukturen. Ohne Unterstützung von außen kann das kaum gelingen. Und Hilfe muss man auch erst mal annehmen können. Viele empfinden es als erniedrigend, sich in existenziellen Dingen komplett auf die Unterstützung fremder Menschen einzulassen, weil es ihnen das Gefühl gibt, selbst versagt zu haben.

Es gibt auch Menschen, die »freiwillig« auf der Straße leben beziehungsweise die sich anfangs aus freien Stücken entscheiden, keinen festen Wohnsitz mehr zu haben. Dabei denkt man schnell an junge Punks, die mehrere Pappkaffeebecher vor sich stehen haben, bei denen man sich wahlweise dafür entscheiden kann, ihnen Geld für Essen, Zigaretten, Alkohol oder Gras zu geben. Es gibt diese meist jungen Menschen, die von zu Hause ausreißen, weil sie denken, dass auf der Straße die große Freiheit wartet. Ein Gefühl der Freiheit verspüren tatsächlich viele Obdachlose, weswegen es den meisten auch schwerfällt, irgendwann wieder in der Mitte der Gesellschaft anzukommen. Auf der Straße hat man keinen Termin- oder Leistungsdruck, muss sich nicht mit Stromrechnungen herumschlagen, kein Auto und keine Waschmaschine reparieren lassen und ist niemandem Rechenschaft schuldig. Aber: Frei zu sein von gesellschaftlichen Verpflichtungen heißt noch lange nicht, keine Verpflichtungen zu haben. Menschen ohne Wohnung haben vor allem eine große Pflicht sich selbst gegenüber: Sie müssen ständig schauen, wie sie die einfachsten Dinge managen, um die sich Menschen mit Wohnung und Einkommen keine Gedanken machen müssen. Also zum Beispiel: Wo kann ich in der näheren Umgebung auf die Toilette gehen? Wo bekomme ich etwas zu essen und zu trinken her? Wo kann ich heute Nacht schlafen? Diese Grundbedürfnisse müssen befriedigt werden, um zu überleben.

Für die psychische Gesundheit sind zudem soziale Kontakte unerlässlich. Deswegen haben viele Obdachlose auch einen Hund bei sich und besitzen ein Handy: Die Nähe zu Mensch oder Tier ist für sie das Einzige, was sie am Leben hält oder etwas Struktur in den Tag bringt. Sie könnten ohne ihr Tier oder den sozialen Kontakt übers Handy genauso wenig weiterleben wie ohne etwas zu essen. Um welches dieser Grundbedürfnisse es auch geht: Sie sind alle existenziell und daher geht viel Zeit dabei drauf, sie zu befriedigen. Also kein Zustand, den irgendjemand freiwillig gerne sein Leben lang auf sich nimmt.

Wie gehe ich am besten mit Obdachlosen um?

Da gibt es verschiedene Möglichkeiten. Als ich Kind war, hatte meine Mutter zum Beispiel immer mehrere Fünfzig-Pfennig-Stücke dabei, wenn wir durch die Stadt gegangen sind, um jedem Obdachlosen eins zu geben. Ob man ihnen Geld gibt, muss jeder für sich selbst entscheiden. Ich bin zum Beispiel dazu übergegangen, sie zu fragen, ob sie Hunger oder Durst haben, und bringe ihnen dann etwas aus dem Supermarkt mit. Das mache ich auch nicht bei jedem, aber dann, wenn es passt. Dabei ist es mir wichtig, sich möglichst auf Augenhöhe zu begegnen. Beim ersten Mal ist es mir rausgerutscht, zu fragen: »Brauchst du was?« Andere fremde Menschen auf der Straße würde ich ja auch nicht duzen. Egal, ob man bettelnden Menschen etwas gibt oder nicht: Das Wichtigste ist aus meiner Sicht, sie nicht wie Luft zu behandeln und achtlos an ihnen vorbeizugehen. Ein Blick oder ein Zunicken reicht oft schon, um zu signalisieren: Du gehörst trotzdem noch dazu, ich habe dich gesehen.

Die meisten Obdachlosen kommen nicht als solche zur Welt. Es gibt so viele Menschen – auch in Deutschland –, die nicht das Glück hatten, in eine Mittelstandsfamilie hineingeboren zu werden. Ihnen stehen nicht etwa alle Türen für die Zukunft offen, sondern viele werden schon in prekäre Verhältnisse hineingeboren, sie kennen nichts anderes, auch nicht aus ihrem Umfeld. Ist es also ihre Schuld, dass sie nicht genug Bildung erfahren, um später einen sicheren Job zu bekommen? Dass sie nicht gelernt haben, mit Geld umzugehen? Dass sie oft schon mit Zigaretten, Alkohol und sogar Drogen aufgewachsen sind? Darüber hinaus kann niemand behaupten, dass Obdachlosigkeit ihn selbst oder jemanden aus seinem Bekanntenkreis nicht treffen könnte. Und selbst wer sagen kann, dass es sehr unwahrscheinlich ist, dass er auf der Straße landet, hat großes Glück. Denn das bedeutet in der Regel einen festen Job und ein gutes soziales Umfeld mit Familie und Freunden, bei denen man weiß: Hier könnte ich in einer Notsituation bleiben.

3. Kapitel

Die Flittchen

Oder: Warum nicht alle »Professionellen« aus ihrer misslichen Lage gerettet werden müssen

Ich kann mich noch gut daran erinnern, als ich das erste Mal bewusst Prostituierte wahrgenommen habe. Da saß ich im Zug von Düsseldorf nach Köln und kam an einem Bordell vorbei, das nur wenige Meter von den Gleisen entfernt lag. Die Frauen machten Werbung für ihre Dienstleistungen, indem jede in einem Fenster mit eigener Nummer posierte. Als mein Zug daran vorbeirollte, empfand ich eine bunte Mischung aus Faszination (da konnte man irgendwie nicht weggucken), Scham (weil ich hinguckte) und irgendwie auch Mitleid. Eine ähnliche Mischung fühlte ich, als ich später einmal beim Sightseeing in Amsterdam mit Freunden über die Rotlichtmeile lief. Die Frauen hinter den Schaufenstern kamen mir irgendwie vor wie im Zoo, viele Passanten wollten wie wir »nur mal gucken«, und wir feixten – in der Situation vermutlich ein Zeichen der Unsicherheit. Ich habe mich beklommen gefühlt, mir taten die Frauen leid. Aber müssen sie das? Bei Menschen (in dem Fall überwiegend Frauen) mit diesem Job würde ich sagen: Es kommt sehr stark darauf an. Und zwar darauf, ob die Frauen dieser Arbeit freiwillig nachgehen oder nicht. Freiwillig heißt in dem Fall nicht nur, dass sie niemand anderes dazu zwingt, sondern auch, dass sie sich aus keiner Notlage heraus für die Sexarbeit entscheiden. Beispielsweise, weil sie Schulden haben oder ein krankes Kind zu Hause, für das die Behandlungskosten so hoch sind, dass der Verdienst durch eine andere Arbeit nicht ausreichen würde.

Wie viele Prostituierte gibt es in Deutschland?

In der Bundesrepublik waren Ende 2019 etwa 40 400 Prostituierte gemeldet. Seit im Jahr 2017 das Prostitutionsschutzgesetz verabschiedet wurde, sind Sexarbeiterinnen zur Anmeldung ihres Gewerbes verpflichtet, um eine Arbeitserlaubnis zu erhalten. Mit Ausweis und allem Drum und Dran. Das hat für die Frauen einige Vorteile. So ist ihre Arbeit damit offiziell als Job anerkannt, und sie können sich problemlos krankenversichern. Außerdem haben sie einen gewissen Arbeitsschutz: Sie können beispielsweise gegen Freier klagen, die nicht bezahlen wollen. Trotzdem wird das Gesetz von den wenigsten Menschen aus dem Milieu befürwortet. Die Hürden und Auflagen seien viel zu groß, sagen die Betroffenen, und man müsse sich offiziell als Prostituierte outen. Heißt: Jede Frau, die das nicht möchte, arbeitet illegal. Und das sind unglaublich viele. Da sie nun mal nicht gemeldet sind, ist ihre Zahl schwer zu schätzen. Schutzverbände und Ministerien gehen von 60 000 bis 400 000 Frauen aus. Klar ist, dass sich darunter viele befinden, die diese Tätigkeit nicht freiwillig ausführen. Laut Statistischem Bundesamt haben allein von den 40 400 gemeldeten Prostituierten nur gut 7 700 die deutsche Staatsbürgerschaft. Mehr als die Hälfte aller Frauen kommen aus Rumänien, Bulgarien oder Ungarn. Seien wir mal ehrlich: Die Wahrscheinlichkeit, dass das sexuelle Interesse der Frauen aus diesen Ländern einfach so viel höher ist oder diese Frauen einfach ganz besonders das Abenteuer in Deutschland suchen, ist gering. Ich weiß von einer polnischen Pflegekraft, wie schwer es ihr fällt, ihre Familie in der Heimat zurückzulassen, um in Deutschland mehr Geld als zu Hause zu verdienen. Aber sie liebt ihren Job immerhin. Es ist hingegen nicht anzunehmen, dass die Hälfte aller in Deutschland arbeitenden Prostituierten ihrer buchstäblichen Leidenschaft nach Deutschland folgen.

Werden Prostituierte immer zum Sex gezwungen?

Trotzdem gibt es sie: Die Prostituierten, die sich freiwillig für den Job entscheiden. Sei es aus Neugier, aus Aussicht auf schnelles Geld (selbst wenn man keine Geldprobleme hat) oder tatsächlich aus Spaß am Sex beziehungsweise der anderen angebotenen Dienstleistungen. Wie »gerne« eine Prostituierte ihrer Arbeit nachgeht, hängt mit Sicherheit primär davon ab, unter welchen Bedingungen sie arbeitet. Und die reichen vom dunklen Parkplatz ohne jeglichen Schutz über die eigene Wohnung mit eigenen Regeln bis hin zu Edelbordellen, bei denen akribisch darauf geachtet wird, dass Freier die Regeln einhalten.

Eine, die sich aus freien Stücken dazu entschieden hat, ins Sexgewerbe einzusteigen, ist Sina. Sie studiert Kunst und Kulturgeschichte und ist auf der Suche nach einem neuen Nebenjob, weil sie gerne in ferne Länder reist und ihre Arbeit als Kellnerin nicht viel mehr als eine Reise an die Ostsee zulässt. Bei einer Studentenparty lernt sie eine junge Frau kennen, die ihr nach ein paar Rum-Cola erzählt, dass sie im Escort-Bereich arbeitet und dort sehr viel Geld verdient. Ob sie sich das nicht mal anschauen möchte? Aus der Alkohollaune heraus stimmt Sina zu: Nur gucken schadet schließlich nicht.

Als Sina am nächsten Tag wieder nüchtern ist, überlegt sie: Will sie das wirklich ausprobieren? Was sollen denn die anderen sagen? Ist das nicht irgendwie schäbig? Aber Sina ist neugierig und das schnelle Geld lockt. Nur mal gucken. Also vereinbart sie einen Termin bei einer Agentur und stellt fest: Den Service nutzen ganz normale Männer. Männer, denen sie auf der Straße nicht zugetraut hätte, dass sie für Sex bezahlen. Singles, Vergebene oder Verheiratete, manche jung, manche älter. Schließlich lässt sie sich darauf ein, jemanden zu begleiten. Der macht es ihr leicht: Ein unauffälliger Mann um die Dreißig, verdient viel Geld, hat aber kaum Zeit, es auszugeben, weil er sechzig bis siebzig Stunden pro Woche arbeitet. Beziehungstauglich sei das nicht, wie er Sina bei einem schicken Abendessen erzählt. Während des Dinners fühlt sich Sina fast wie bei einem Date. Ihr Gegenüber fällt nicht in ihr klassisches »Beuteschema«, aber er ist nett und gepflegt. Die beiden unterhalten sich drei Stunden, bis sie in einem Hotelzimmer verschwinden. Dort wünscht sich der junge Mann eine Massage, es wird gekuschelt. Küssen ist für Sina tabu, danach hat ihr Kunde aber auch nicht gefragt – er ist nicht das erste Mal beim Escort-Service und weiß, dass die meisten Damen nicht küssen wollen. Nach dem Vorspiel haben die beiden Sex, der für Sina in Ordnung ist. Für den Abend bekommt sie fast 700 Euro – dafür hätte sie im Restaurant mindestens einen ganzen Monat arbeiten müssen. Ihren ersten Freier sieht sie danach noch häufiger, manchmal bucht er auch ein ganzes Wochenende mit ihr, was besonders lukrativ ist.

Was Sina an der Arbeit gefällt: Sie macht selbst die Regeln. Sie bestimmt, wer sie buchen darf, und in ihrem Agentur-Profil ist klar geregelt, welche Dienstleistungen sie anbietet und welche nicht. Sie lernt viel über sich und auch über ihre eigenen sexuellen Bedürfnisse. Und sie merkt: Viele ihrer Freier wollen nicht nur den schnellen Sex, sondern sie wünschen sich die Nähe zu einer Frau. Sina mag es, diese Nähe und das Gefühl zu geben, nicht allein zu sein. Und sie mag ihre Kolleginnen. Tatsächlich gibt es in ihrer Agentur Hausfrauen, Mütter, Arbeitnehmerinnen, die sich zusätzlich zu ihren »normalen« Jobs etwas dazuverdienen wollen, und viele andere Studentinnen, mit denen Sina in der Garderobe gerne plaudert. Was sie an ihrem Job nicht mag, ist, wenn sich im Lauf der Zeit herausstellt, dass ein Freier etwas anderes erwartet, als vorher abgesprochen war. Auch hier konnte sie bisher immer ihre Grenzen setzen (was nicht bei allen Frauen in diesem Gewerbe funktioniert), aber dabei sind trotzdem schon sehr unangenehme Moment entstanden. Und sie mag es nicht, dass sie dauerhaft gut gelaunt sein muss. Wenn sie kurz zuvor ein schlechtes Klausurergebnis bekommen hat oder Stress mit einer Freundin hatte, dann muss sie bei den Kunden trotzdem gut gelaunt sein. Schließlich wollen die sich nicht ihre Sorgen anhören, sondern es geht hier um deren Wohlbefinden.

Prostituierte führen oft ein Doppelleben

Dennoch ist Sina insgesamt zufrieden mit ihrem Job. Sie sagt, gute und schlechte Tage gäbe es bei jeder Arbeit und das viele, schnelle Geld entschädige sie für weniger gute Momente – ähnlich wie bei einem Topmanager, der Geld für die unzähligen Überstunden bekommt. Was sie wirklich schwierig findet, sind die Vorurteile, die es ihr im Alltag schwer machen. Denn faktisch führt sie ein Doppelleben. Nur ihre beste Freundin weiß von ihrem Nebenjob, und nach dem ersten Schock sowie der Feststellung »Ich könnte das nicht!«, hat sie akzeptiert, dass es für Sina momentan das Richtige ist. Aber weder Sinas andere Freunde noch ihre Familie wissen, wie sie sich ihre vierwöchige Reise auf die Bahamas finanziert hat. Ihre Familie wusste nicht einmal, dass sie dort hingeflogen ist – Sina hat von einem Praktikum für die Uni erzählt.

Ein Luxusleben führt allerdings bei Weitem nicht jede Prostituierte. Viele kommen gerade so über die Runden. Aber egal, ob es die »Edelnutte«, die sich den Job ausgesucht hat, oder die »Zwangsprostituierte« ist: Sein Geld mit Sex zu verdienen ist verpönt. Und das, obwohl die Nachfrage so groß ist. Verlässliche Zahlen gibt es logischerweise nicht, denn noch seltener als die Prostituierten wagen sich die Freier aus der Anonymität. Im Internet kursieren

Zahlen, nach denen täglich über eine Million Männer sexuelle Dienstleistungen in Anspruch nehmen und sogar jeder Fünfte mindestens einmal im Leben ein Bordell oder ein ähnliches Etablissement besucht hat. Diese Zahlen sind wenig belastbar, aber sicher ist: Wir bräuchten keine 40 000 gemeldeten Prostituierten und eine viel größere Dunkelziffer, wenn es keinen Bedarf gäbe. Sexuelle Dienstleistungen nehmen viele nicht nur ausnahmsweise in Anspruch, sondern regelmäßig. Gerade Menschen, denen es an Zeit oder Gelegenheit für eine Beziehung oder Affäre fehlt. Außerdem greifen Menschen darauf zurück, die in ihrer bestehenden Beziehung nicht zufrieden sind beziehungsweise sich nicht befriedigt fühlen. Dabei geht die Klientel quer durch alle gesellschaftlichen Schichten.

Auch ich kenne einen Mann, der schon einmal ein Bordell besucht hat, ein Exfreund von mir. Bevor es bei uns ernster wurde, hat er mir davon erzählt. Schon seit Jahren trug er damals Scham und Angst mit sich herum, denn er hatte mit einer Prostituierten ohne Kondom geschlafen. Auch wenn das seit 2017 gesetzlich verboten ist (sein Besuch war vor 2017) und auch in besser geführten Etablissements bereits zuvor strikt eingehalten wurde, sieht es in der Praxis oft anders aus. Mein Exfreund hatte also Sorge, er könnte sich mit HIV infiziert haben. Er machte einen Test, ich hielt dabei Händchen. Der Test war negativ, alles gut. Ich muss zugeben, dass ich ein bisschen geschockt war, als er mir von seinem Bordellbesuch erzählte. Ein netter Kerl wie er macht so etwas? Es sei eine Art Mutprobe unter Kumpels gewesen, mit denen er gemeinsam dort hingegangen sei, sagte er. Einmal, danach nie wieder. Und das fand ich dann wiederum auch nicht mehr so schlimm – die jungen Erwachsenen waren neugierig, wie »sowas« ablaufen würde.

Ob sich Frauen ohne Zwang für die Prostitution entscheiden oder es aus anderen Motiven tun: Es ist ein emotional und körperlich anstrengender Job. Viele halten dem irgendwann nicht mehr stand. Aber der Absprung ist schwer. Manche werden von Freiern unter Druck gesetzt und andere von ihren Zuhältern, obwohl Zuhälterei mittlerweile in Deutschland verboten ist. Andere fühlen sich verpflichtet gegenüber Kolleginnen, leiden unter finanziellen Zwängen oder sorgen sich, keinen anderen Job zu finden. Manche meinen auch, dass sie »gar nichts anderes können« oder sie haben sich an einen gewissen Lebensstandard gewöhnt.

Würde es helfen, Prostitution abzuschaffen?

Ein verlockender Gedanke, gerade für die Frauen, die den Job nicht freiwillig machen. Aber abschaffen kann man Prostitution so einfach nicht. Verbieten könnte man sie, doch das führt wie bei allen anderen Verboten nur dazu, dass sich Frauen und Freier andere Wege suchen, der Arbeit beziehungsweise dem Verlangen nachzugehen. In Deutschland gab es dieses Verbot schon einmal: Von 1901 bis 2002 galt Prostitution als sittenwidrig, und ab 1965 wurden Prostituierte sogar als Berufsverbrecherinnen eingestuft. Die Folge: Frauen mussten ihre Arbeit heimlich an düsteren Orten verrichten, immer mit der Angst im Nacken, erwischt zu werden. Man stieß sie damit in die Illegalität, machte oft genug die Opfer zu Tätern oder zu Sündenböcken. Doch irgendwann hatte man gesellschaftlich das Einsehen, dass etwas, das man moralisch verwerflich finden kann, nicht verschwindet, wenn man es verbietet. Daher wurde Prostitution 2002 als Beruf anerkannt, doch auch danach wurde immer wieder versucht, Prostitution zumindest an einigen Orten zu verbieten.

Zwei meiner Kommilitonen haben vor vielen Jahren einen Film über die Debatte gedreht, ob in der Dortmunder Nordstadt der Straßenstrich abgeschafft werden sollte. Viele empfanden diesen als »Schandfleck« in Dortmund. Also wurde er nach zähem politischem Ringen tatsächlich abgeschafft. Geholfen hat das im Endeffekt aber niemandem. Die Prostituierten haben ihren sicheren Arbeitsplatz verloren: Denn an diesem gab es Parkboxen, in die die Freier mit ihren Autos hineinfahren konnten. Jede Parkbox hatte einen eigenen Notrufknopf. Zudem patrouillierte die Polizei dort regelmäßig – eine weitere Sicherheit für die Frauen. Als der Straßenstrich abgeschafft wurde, wussten die Prostituierten nicht, wohin. Viele arbeiteten dann auf entlegenen Parkplätzen – was nicht nur viel gefährlicher war, sondern auch bei anderen Prostituierten nicht gut ankam, die diese Plätze vorher schon zu »ihrem Revier« erklärt hatten. Zudem half es auch der Bevölkerung im Dortmunder Norden nicht. Zwar war der »Schandfleck« nun weg, aber Anwohnerinnen berichteten anschließend, dass einige Freier durchs Viertel fuhren und sie oder sogar ihre Töchter ansprachen, um herauszufinden, ob sie Prostituierte seien. Viele hatten danach Angst, alleine auf die Straße zu gehen. Doch statt die Freier zu verfolgen und jene zu belangen, die auf offener Straße Frauen bedrängen, lag auch hier das Augenmerk auf den Prostituierten. Sie sitzen in der öffentlichen Wahrnehmung viel eher auf der Anklagebank als die Freier.

Können die Frauen »gerettet« werden?

Ein Freier und eine Prostituierte verlieben sich ineinander, sie steigt aus, und beide führen gemeinsam ein glückliches Leben – klingt romantisch, endet aber in Wirklichkeit selten so harmonisch wie im Film »Pretty Woman«. Das hat auch Mona erlebt. Bereits ein Jahrzehnt hatte sie in einem Bordell gearbeitet, als sie Joachim kennenlernt. Joachim wird zum Stammkunden. Beide merken, dass sie nicht nur der Sex verbindet, sondern dass sie sich auch gerne unterhalten. Ein Kunde, auf den Mona wartet und auf den sie sich freut. Auch wenn eine Beziehung zu einem Freier absolut tabu ist, verlieben sich Mona und Joachim ineinander.

Die Konsequenz: Wenn die beiden zusammen sein wollen, muss Mona im Bordell aufhören. Joachims Liebe ist so groß, dass er Mona anbietet, kostenfrei bei ihm zu wohnen. Er selbst verdient genug Geld, um beide zu versorgen, selbst wenn sie nicht mehr arbeitet. Sie könne ja vielleicht im Haushalt mit anpacken.

Die Entscheidung fällt Mona schwerer als Außenstehende das vielleicht vermuten. Mit einigen Kolleginnen hat sie ein Jahrzehnt zusammengearbeitet, sie sind wie eine Familie. Zu ihrer »Hausdame«, wie sich die Betreiberin des Bordells nennt, hat sie ein gutes Verhältnis. Als sie mit ihr über ihre Überlegungen spricht, sagt die Hausdame, dass Mona eine ihrer besten Mitarbeiterinnen sei und der Laden ohne sie kaum laufen würde. Mona fühlt sich unter Druck gesetzt. Am Ende sind ihre Gefühle zu Joachim aber so stark, dass sie den Ausstieg aus dem Rotlichtmilieu wagt.

Ob sie mit Joachim ihr Glück gefunden hat? Tatsächlich macht er sie glücklich, aber das Leben bei ihm nicht. Den Tag über ist Mona unzählige Stunden alleine, da Joachim zehn bis zwölf Stunden arbeitet, oft auch am Wochenende. In der Zeit fühlt sie sich sehr einsam und vermisst ihre Kolleginnen. Schließlich hatte sie im Bordell keine zehn Stunden am Stück Sex – zwischendrin saßen die Frauen in der Teeküche und plauderten über peinliche Freier genauso wie den nächsten Urlaub oder den Friseurbesuch. Mona ist das Alleinsein nicht gewöhnt. Und auch wenn Joachim nicht schlecht verdient und es Mona an nichts Wesentlichem fehlt, ist es nun mal Joachims Geld und nicht ihr eigenes. Sie hat ihren Stolz und fragt ihn nicht nach »Taschengeld«. Als sie noch im Bordell gearbeitet hat, war es für sie keine Frage, einmal in der Woche zur Maniküre zu gehen, regelmäßig ein paar neue Schuhe zu kaufen und sich ein Wellnesswochenende zu gönnen. Bei Joachim langweilt sie sich. Haushalt war nie so ihr Ding, aber sie fühlt sich verpflichtet, ihren Beitrag zu leisten. Abgesehen davon hätte sie auch nichts anderes zu tun: All ihre Freundinnen sind ehemalige Kolleginnen, und die arbeiten tagsüber. Zu ihrer Familie und früheren Freunden hat sie schon lange keinen Kontakt mehr. Außerdem leidet ihr Selbstwert stark unter der Situation. Bei der Arbeit hatte sie immer das Gefühl, begehrt zu sein, toll auszusehen und etwas gut zu machen, sei es durch das Lob der Freier oder durch ihre Hausdame. Selbst wenn Joachim Mona begehrt und ihr das auch häufig sagt, ist es nicht das Gleiche. Das Begehren und die Liebe von Joachim sind keine von ihr erbrachte Leistung. Das Ende vom Lied: Mona leidet so sehr unter ihrer Unzufriedenheit, dass sie sich entscheidet, ihn zu verlassen und in ihr vertrautes Leben zurückzukehren.

Prostitution ist ein ebenso sensibles wie umstrittenes Thema. Aber was definitiv nicht hilft, ist, die Augen vor dem Bedarf zu verschließen, oder die Menschen zu verurteilen, die in diesem Job arbeiten. Vielmehr sollte auf der einen Seite etwas für diejenigen getan werden, die Unterstützung brauchen und auf der anderen Seite dürfen nicht diejenigen ein Leben lang mit dem »Nuttenstempel« versehen werden, die den Beruf freiwillig ausüben.

Auch Pornodarstellerinnen werden schnell verurteilt

Es muss nicht mal Prostitution sein, um diesen Stempel aufgedrückt zu bekommen. Jegliche Arbeit, die etwas mit Sex oder Begierde zu tun hat, ist bei den meisten Menschen verpönt, ob das nun Gogo- oder Poledance ist, der Dreh von Pornos oder Webcam-Fummelei im Internet. Die meisten Männer könnten sich nicht vorstellen, eine Partnerin zu haben, die in diesem Gewerbe arbeitet oder gearbeitet hat. Das gilt als »billig«. Allerdings gilt es nicht als billig, diese Dienstleistungen in Anspruch zu nehmen. Dabei ist die Nachfrage nach pornografischen Inhalten noch größer als die nach Prostitution. Auch im Pornobereich kursieren zahlreiche Statistiken, bei denen die Quellen oft nicht nachvollziehbar sind. Fakt ist aber, dass die Betreiberplattform »Pornhub« im Jahr 2019 eine Nutzerstatistik herausgegeben hat, nach der die Seite 42 Milliarden Mal im Jahr aufgerufen worden ist, das sind 115 Millionen Aufrufe pro Tag. Das bedeutet natürlich nicht, dass faktisch jeder Pornos schaut, sondern dass es unter den Nutzern viele gibt, die mehrmals täglich die Seite besuchen. Nach Recherchen des ZDF entstehen zudem jeden Tag etwa 300 neue Porno-Webseiten, und jeder zweite Nutzer geht angeblich ins Netz, um Pornos anzusehen. In der Pornoindustrie sind die Umsätze vergleichbar mit denen in der Automobilindustrie: In Amerika (wo die meisten pornografischen Filme produziert werden) verdient die Branche mit ihren Filmen sogar mehr als alle anderen Filme in Hollywood. Laut einer Statistik schaut außerdem jeder deutsche Mann im Durchschnitt eine halbe Stunde Pornos – pro Tag. Und auch Frauen konsumieren Pornos – zwar deutlich seltener, aber sie tun es. Dabei bekommt man das Gefühl: Alle tun es, aber keiner will es gewesen sein. Und darüber geredet wird schon gar nicht. Manche sprechen eventuell mit Freunden darüber. Manche Männer verabreden sich sogar mit »ihren Jungs«, um ein paar Pornos zu schauen. Darüber würden sie aber bestimmt nicht mit Außenstehenden reden oder gar mit ihrer Mutter.

Auch die Arbeit in der Pornobranche kann sehr belastend sein. Während eines Masterprojektes im Studium habe ich mit Kommilitonen ein interaktives Format zum Thema Pornografie entwickelt. Dabei mussten wir zwangsläufig sehr viel recherchieren (ja, ich habe mein Wissen dazu tatsächlich aus der Recherche und hatte es nicht schon vorher. Und selbst bei diesen Zeilen merke ich: Ich verspüre das Bedürfnis, mich zu rechtfertigen, warum ich mich in dem Bereich ein bisschen auskenne). Bei einigen Dokumentationen zum Dreh von Hardcore- oder Gangbang-Pornos (also Pornos mit vielen Beteiligten) ist mir regelrecht schlecht geworden. Nachdem einige Frauen erzählt haben, wie mit ihnen umgegangen wurde, konnte ich nur schlecht schlafen. Körperlich wie seelisch gab es kaum Tabus. Aber – und jetzt kommt das große Aber – im Bereich der Pornografie, insbesondere beim Drehen von Filmen im Internet, gibt es noch deutlich mehr Frauen als in der Prostitution, die sich völlig zwanglos dafür entscheiden. Es gibt Paare, die gemeinsam Sex vor der Webcam oder im Studio haben und Männer wie Frauen, die keine Scham dabei empfinden, sich selbst vor der Kamera zu befriedigen. Sie haben kein Problem mit ihrer Nacktheit, zeigen sich sogar gerne und bekommen ein besseres Körpergefühl durch den Zuspruch ihrer Kunden. Wieder andere schlüpfen gerne in Rollen, mögen es, die Fantasien ihrer Kunden zu bedienen und ein bisschen zu schauspielern. Auch hierunter sind viele Studenten, die den flexiblen und lukrativen Nebenerwerb schätzen. Vielen macht es tatsächlich Spaß und sie denken sich: Warum damit kein Geld verdienen?

Ich sehe das ein bisschen so wie bei Menschen, die Fleisch essen, dabei aber nicht wissen wollen, wo das »tote Tier« herkommt. Es kann einem zwar den Appetit verderben, wenn man während des Essens die ganze Zeit darüber nachdenkt, worauf man da gerade herumkaut. Das muss sicher auch nicht sein. Aber es kann auch nicht bedeuten, dass man sich deswegen lieber nie Gedanken darüber macht, wo das Fleisch herkommt und dass es eben auch Menschen wie Metzger geben muss. Ich kann genauso wenig dem Metzger sagen, dass er grausam ist, wenn ich selbst Fleisch esse, wie einem Pornodarsteller, dass er billig ist, wenn ich Pornos gucke.

4. Kapitel

Die Homos

Oder: Warum schwul zu sein keine Entscheidung ist

Als ich fünfzehn Jahre alt war, habe ich im Urlaub einen Mann kennengelernt: durchtrainiert, leuchtende Augen, strahlendes Lächeln. Leider nichts für mich, denn Pascal war schwul. Ich spreche in diesem Kapitel überwiegend über homosexuelle und insbesondere schwule Menschen. Das Thema sexuelle Orientierung und biologisches Geschlecht ist sehr umfassend und sicher finden sich auch Menschen wie Transgender, Bisexuelle oder Intersexuelle in einigen Passagen wieder. In diesem Kapitel möchte ich aber beispielhaft vor allem an schwulen Männern deutlich machen, wie mangelnde Toleranz und sogar Diskriminierung aussehen können und wo beide ihren Ursprung haben.

Aus der Begegnung mit Pascal ist dennoch eine Beziehung entstanden, nämlich eine gute Freundschaft, die uns bis heute verbindet. Ich kann mich noch genau erinnern, wie er mir »erzählt« beziehungsweise mich selbst darauf gebracht hat, dass er auf Männer steht. Da saßen wir irgendwann nach dem Urlaub zusammen bei einem Kaltgetränk und er meinte, wie gern er einen jungen Mann habe, den wir ebenfalls im Urlaub kennengelernt hatten. Daran fand ich nichts außergewöhnlich: »Ja, der ist echt ein Netter«, so etwas oder etwas ähnlich Cleveres habe ich in dem Moment gesagt. »Nein, nicht nur gern. Ich vermisse ihn auch«, hat Pascal erwidert. Es dauerte, bis bei mir der Groschen fiel. Ich hatte mich zuvor noch nie bewusst mit dem Thema Homosexualität beschäftigt. Damit hatte ich persönlich vorher keine Berührungspunkte und es stellte deshalb in meiner damals begrenzten Liste von Möglichkeiten zunächst keine Option dar. Ich fand Pascals Geständnis überhaupt nicht »schlimm«, aber ich war überrascht, denn ich war überzeugt: Das hätte mir auffallen müssen. Auch andere Freunde von Pascal haben später Sätze fallen lassen wie: »Der wirkt ja gar nicht schwul.« Verrückt – ein Schwuler, dem man das gar nicht ansieht, gibt es so etwas?

Woran erkennt man einen schwulen Mann?

Tatsächlich hält sich das Vorurteil hartnäckig, dass schwule Männer übermäßig weiblich sind. Schwule werden oft als »Tunten« oder »Tucken« beschimpft, also als Männer, die noch weiblicher erscheinen als eine Frau. Auch wenn viele homosexuelle Männer vielleicht etwas offener mit Gefühlen umgehen als Heterosexuelle, ist bei Weitem nicht jeder »verweiblicht«, wie es oft abwertend heißt. Ich behaupte, den meisten schwulen Männern sieht man das erst mal nicht an. Es fallen lediglich einige auf, die neben ihrer sexuellen Orientierung auch noch andere Vorlieben haben, wie zum Beispiel, sich besonders ausgefallen zu kleiden oder sich zu schminken. Manche fühlen sich tatsächlich auch wohl damit, sich grazil zu bewegen. Es sind die relativ wenigen auffälligen Männer, die in der Öffentlichkeit als »eindeutig« schwul wahrgenommen werden, und deswegen gehen viele Menschen davon aus, dass alle Schwulen so sind. Viele Heterosexuelle tun sich offensichtlich schwer mit einer so deutlich sichtbaren Andersartigkeit.

Wie viele homosexuelle Menschen kennst du? Das ist vielleicht der Knackpunkt: Die meisten haben in ihrem Bekanntenkreis nur wenig Kontakt zu offen homosexuell Lebenden, besonders die älteren Generationen. Daher ziehen sie sich ihr »Wissen« wie so oft aus Erzählungen anderer, aus den Medien oder aus Veranstaltungen wie dem Christopher Street Day. Diese Darstellungen haben in der Regel mit dem Alltag Homosexueller wenig zu tun. Beim Christopher Street Day gibt es viel Alkohol, viele Drogen und noch mehr nackte Haut zu sehen. Zudem wird mit Rollenspielen und anderen Fetischen, die als Tabus gelten, hier ganz bewusst gespielt und provoziert – auch, um Klischees deutlich zu machen. Und genau diese Klischees werden häufig in den Medien bedient. In vielen Soaps gibt es mittlerweile ähnlich wie einen »Quoten-Schwarzen« auch den »Quoten-Homo«. Und das nicht, um den hohen gesellschaftlichen Anteil dieser Gruppe möglichst realitätsnah abzubilden, sondern weil das Thema Homosexualität für Emotionen sorgt, und das erhöht die Einschaltquote. In Serien wie »Prince Charming«, welche vergleichbar ist mit dem »Bachelor«, nur für schwule Männer, werden ebenfalls sämtliche Klischees aufgegriffen und ausgewalzt. Sendungen wie diese sind in etwa so repräsentativ wie die darin bedienten Vorurteile, zum Beispiel dieses: Schwule Männer trinken lieber Sekt als Bier – weil Frauen ja auch lieber Sekt trinken. Ist das so? Ich glaube, dass jeder, der in seiner Jugend zum ersten Mal Alkohol trinkt, selbigen am liebsten gleich wieder ausspucken würde. Alkohol schmeckt erst mal nicht, er hat einen Zweck: Er soll die Stimmung heben. Also gewöhnen wir uns mit der Zeit auch an den Geschmack, bis uns die Getränke irgendwann tatsächlich schmecken. Auf dem Weg dahin gestehen wir Frauen zu, dass es auch etwas süßer sein darf, für Männer muss es aber entsprechend ihres vermeintlichen Naturells herb sein. Wenn bei Alkohol der berauschende Effekt ausbliebe, hätte sich das »Genussmittel« womöglich gar nicht als solches durchgesetzt. Da Alkohol also viel mit Gewöhnung und Effekt zu tun hat, lässt sich daraus wohl nur schwer ableiten, dass es spezifische Frauen- beziehungsweise Männergetränke gibt. Und letztlich ist das wie bei allen Genussmitteln etwas sehr Persönliches, was einem schmeckt oder nicht und hat sicher nichts mit der sexuellen Orientierung zu tun. Übrigens: Ich habe Pascal noch nie Sekt trinken sehen, sondern nur Bier und Gin, während sein Ehemann Basti überhaupt keinen Alkohol trinkt.

Zurück zur Frage, wie viele Homosexuelle du kennst. Eins ist relativ sicher: Selbst wenn es in deinem Bekanntenkreis welche gibt, werden es vermutlich »in echt« deutlich mehr sein, als du denkst – du weißt es nur nicht von allen. Zum Thema Sexualität gibt es selbstverständlich keine umfassende Statistik, da es keine zentrale Stelle gibt, welche die sexuelle Orientierung von Menschen erfasst. Einen Anhaltspunkt dazu, wie viele Menschen eine andere sexuelle Orientierung als »hetero« haben, liefert aber eine groß angelegte europaweite Umfrage eines Berliner Meinungsforschungsinstitutes von 2016. Hier hat mehr als jeder zehnte Befragte angegeben, sich als nicht ausschließlich heterosexuell zu fühlen. Außerdem hat das Statistische Bundesamt 2015 eine Studie veröffentlicht, in der jeweils etwa dreizehn Prozent der befragten Männer und Frauen angaben, schon einmal Sex mit dem eigenen Geschlecht gehabt zu haben. Ein nicht unerheblicher Teil der Gesellschaft ist sexuell also anders orientiert, als es »die Norm« propagiert. Und das heißt wiederum, dass man den meisten von ihnen ihre sexuelle Orientierung genauso wenig ansieht wie jemandem seine Tattoos, wenn er sie unter der Kleidung trägt. In erster Linie macht die sexuelle Prägung ja nur eins deutlich: die Vorliebe, wen wir anziehend finden und wen nicht. Ob ein schwuler Mann auch noch andere Vorlieben hat, kann man genauso wenig verallgemeinern, wie die Frage, ob ein Lactoseintoleranter auch kein Gluten verträgt. Ist möglich, muss aber nicht sein.

Ist Homosexualität angeboren?

Wie kommt es, dass die einen Menschen nur auf das »andere« Geschlecht stehen, die anderen nur auf ihr eigenes und wieder andere sich jenseits von geschlechtlichen Definitionen verlieben und angezogen fühlen? Das lässt sich nicht eindeutig sagen, auch wenn es bereits zahlreiche Forschungen zu dem Thema gibt. Man geht aber davon aus, dass die sexuelle Orientierung eines Menschen das Ergebnis aus einer Mischung biologischer, psychologischer und sozialer Faktoren ist. Fakt ist, dass die sexuelle Orientierung bereits vor der Pubertät feststeht und sie sich nicht willentlich beeinflussen also auch nicht ändern lässt.

Sexualität schaut man sich auch nicht einfach ab. Das bedeutet, wenn ein Junge bei zwei Vätern aufwächst, heißt das nicht, dass er ebenfalls schwul wird, weil er Schwulsein dann als die Norm betrachtet. Wenn dieser Junge tatsächlich schwul ist (und genetische Faktoren – sofern denn einer der beiden Väter auch der leibliche Vater ist – können durchaus eine Rolle spielen), hat er es vermutlich leichter, zu seiner Sexualität zu stehen. Er wird aber nicht schwul durch seine Erziehung. Und das führt mich zu einem Punkt, den ich nur schwer nachvollziehen kann: dem Umgang der Deutschen mit der Ehe und der Adoption gleichgeschlechtlicher Paare.

Pascal und Basti haben sich 2016 für ein gemeinsames Leben entschieden und wollten heiraten. Das ging in Deutschland zu dieser Zeit jedoch noch nicht, sie konnten lediglich ihre Lebenspartnerschaft eintragen lassen. Die Feier auf dem Standesamt verlief wie jede andere Hochzeit auch: festliche Kleidung, Blumen, Seifenblasen, Kaltgetränke – sie durfte aber nicht »Eheschließung« heißen. Der Standesbeamte fand offenbar auch alles »normal«, denn er trat bei der Zeremonie so richtig schön ins Fettnäpfchen. Am Ende sagte er den Standardspruch: »Hiermit erkläre ich sie zu rechtmäßig verbundenen Eheleu... ach nee, Lebenspartnern.« Auf dem Standesamt waren Pascal und Basti dann noch ein zweites Mal 2018, als sie auch offiziell heiraten »durften«. Die »Ehe für alle« wurde von der deutschen Politik als großes Zugeständnis gefeiert – Halleluja, was für eine Errungenschaft im einundzwanzigsten Jahrhundert! Wie außergewöhnlich großzügig, selbstlos und gleichberechtigt wir Deutschen doch sind.

Mit dem Recht, heiraten zu »dürfen«, ist es Homosexuellen in Deutschland auch erlaubt, Kinder zu adoptieren. Aber nur, weil es erlaubt ist, heißt das selbstverständlich noch lange nicht, dass es in der Gesellschaft erwünscht ist. Für Pascal stand eigentlich immer fest, dass er Kinder haben wollte. Es war ihm wichtig, seine eigenen Werte weiterzugeben. Als er mit seinem Mann das erste Mal auf das Kind eines befreundeten Paares aufgepasst hatte und der Maxi-Cosi auf dem Rücksitz stand, fühlte sich das richtig an. Aber Deutschland fand es nicht richtig. Pascal und Basti mussten sich nicht nur die Frage stellen, wie alle anderen Adoptiveltern auch: Werden wir gute Eltern sein? Sondern auch noch: Wie können wir überhaupt ein Kind zu uns nehmen? Geht das für Homosexuelle? Dabei haben sie festgestellt: Ja, es geht, aber nicht in Deutschland. Es gab damals nur zwei Optionen, beide im Ausland: entweder eine Leihmutter oder eine Adoption. Eine Leihmutterschaft kam für die beiden nie in Frage. Nicht zuletzt, weil Pascal der Meinung war, dass es genügend Kinder auf der Welt gibt, die ohne Eltern aufwachsen müssen und ein besseres Leben verdient haben. Dann sollte es also eine Adoption sein. Der Kinderwunsch war bei den beiden zeitweise so groß, dass sie darüber nachgedacht haben, nach Schweden auszuwandern, wo Adoption nicht nur erlaubt ist, sondern andere Lebens- und Liebensformen deutlich mehr Akzeptanz finden als in Deutschland. Nach gut drei Jahren haben sich die beiden gegen ein Leben mit Kindern und für ein Leben in Deutschland entschieden. Zu kompliziert, zu anders, das waren nur einige Gründe. Die Lebenspläne hätten sich geändert, ein Kind würde jetzt nicht mehr passen, hieß es am Ende. Mir hat das damals sehr leidgetan. Nicht, weil sich die Lebenspläne geändert hatten und sie sich gegen ein Leben mit Kindern entschieden haben, sondern weil die Hürden in Deutschland so hoch waren, dass sie nicht mit Kindern leben konnten, als sie es wollten.

Was haben heterosexuelle Menschen dagegen, wenn homosexuelle ein Kind adoptieren wollen? Die Gründe, die bei dieser Debatte am häufigsten angeführt werden, sind:

1. Kinder mit homosexuellen Eltern werden in der Schule gemobbt

Heißt das im Umkehrschluss, dass Kinder mit Mutter und Vater nicht gehänselt werden? Kinder können sehr gemein sein. Andersartigkeit wird dabei oft als willkommene Einladung missbraucht, jemanden zu verletzen. Zwei Mütter oder zwei Väter zu haben, bietet da sicher eine Angriffsfläche. Aber Kinder werden wegen allem Möglichen aufgezogen oder auch gemobbt: zu groß, zu klein, zu dick, zu dünn, zu hübsch, zu ausländisch, zu dumm, zu schlau, zu uncooles Instabild, falsche Handymarke, falsche Freunde – oder sogar ganz ohne erkennbaren Grund. Dabei sind homosexuelle Eltern genauso wenig ein Garant für Mobbing wie eine große Nase oder eine dicke Brille: Manche Kinder werden zur Zielscheibe, andere nicht. Das hat auch mit Glück beziehungsweise Unglück der Betroffenen zu tun, denn Mobbing hat häufig seinen Ursprung nur darin, dass die Mobber ihre eigenen Unzufriedenheiten kompensieren, indem sie andere schlecht machen. Sie fühlen sich besser, wenn sie sich über die anderen stellen, weil sie dann ein Gefühl von Macht bekommen. Wenn Gruppen einen oder mehrere andere mobben, dann hat meist eine Person oder einige wenige damit angefangen und der Rest zieht mit, weil man sich in der Gruppe stark fühlt oder weil keiner das nächste »Opfer« sein möchte. Aber wer von dieser Gruppe ausgegrenzt wird, lässt sich nicht vorhersagen. Das kann zum einen jemand sein, der sich nicht stark genug wehren kann und zum anderen jemand, dessen besondere Persönlichkeitsmerkmale bei den Drahtziehern des Mobbings auf Ablehnung stoßen. Dabei kann es zum Beispiel sein, dass die Mobber mit Homosexualität überhaupt kein Problem haben, dafür aber auf einer jüngeren Person mit geringem Selbstbewusstsein rumhacken, weil sie diese leicht von oben herab behandeln können. Angst vor einer möglichen Angriffsfläche kann also kaum der Grund sein, um Homosexuelle keine Kinder adoptieren zu lassen.

Es stellt sich auch die Frage, was für betroffene Kinder die Alternative zur Adoption wäre: In aller Regel werden sie im Heim groß oder in Pflegefamilien. Das bedeutet für die Kinder ständig wechselnde Bezugspersonen und damit auch wechselnde Vorbilder, was für sie schwer auszuhalten ist und besonders ihre emotionale Entwicklung beeinflusst. Heimerzieher können auch für das Wohlbefinden von Kindern sorgen und zu wichtigen Bezugspersonen werden, aber sie ersetzen keine Eltern. Wäre es dann nicht besser, sie hätten wenigsten zwei fürsorgliche Mütter oder Väter, die sie zu Hause auffangen und ihnen sagen, dass sie geliebt werden, genauso wie sie sind?

2. Kinder brauchen ein männliches und ein weibliches Vorbild

Eine wunderschöne Vorstellung in einem Land, in dem die Scheidungsrate in den letzten zwanzig Jahren bei (wohlgemerkt) heterosexuellen Ehen zwischen dreißig und fünfzig Prozent lag. Im Gegensatz zu schwulen Männern kann jede gebärfähige Frau in Deutschland – egal ob homo- oder heterosexuell – ein Kind bekommen. Daraus entstehen glückliche und unglückliche Heterofamilien, Familien mit zwei Müttern, alleinerziehende Mütter wie Väter, Abtreibungen oder Heimkinder.

Keine Frage: In der Entwicklung von Kindern ist es wichtig, dass sie Vorbilder haben. Es hilft ihnen, ihre eigene Rolle zu finden, wenn sie sehen, dass andere Menschen ähnlich sind oder eben anders. Das gilt auch für das Geschlecht. Für ein Mädchen ist es also wichtig, dass es ein weibliches Vorbild hat, und für einen Jungen, ein männliches zu haben. Aber das lässt sich in deutschen Familien nur selten umsetzen. Bei allen alleinerziehenden Eltern fehlt im Elternhaus der andere Part, der Vorbild sein könnte. Und selbst bei heterosexuellen Paaren, die gemeinsam leben, gibt es Elternteile (oft Väter), die das Kind nur selten zu Gesicht bekommt. Das heißt aber nicht, dass Kinder in dem Fall nur ein männliches oder nur ein weibliches Vorbild haben. Sie suchen sich diesen fehlenden Part dann häufig an anderer Stelle: in einer Lehrerin, einem Fußballtrainer, einer Tante oder dem großen Bruder. Natürlich ist das etwas anderes als eine Mutter und ein Vater. Aber nicht jede Mutter und jeder Vater sind auch ein gutes Vorbild, nur weil sie als Mann und Frau zusammenleben. Es gibt Eltern, die alkoholabhängig sind, ihre Kinder schlagen oder die so sehr mit sich selbst beschäftigt sind, dass sie entweder die Bedürfnisse ihrer Kinder missachten oder sie für ihre eigenen Bedürfnisse benutzen – als Partnerersatz, Sündenbock oder Machtobjekt. Die besten Vorbilder für Kinder sind Eltern, die ihre Kinder lieben und im besten Fall auch noch einander lieben. Dabei kann es sogar von Vorteil sein, wenn Kinder von gleichgeschlechtlichen Paaren erzogen werden, denn diese halten oft weniger an den klassischen Rollenbildern fest. Ein Junge wird weniger dazu erzogen, stark und mutig sein zu müssen, und ein Mädchen häuslich und fürsorglich.

Neben der Identifikation mit anderen Personen ist ein wesentlicher Bestandteil in der Entwicklung von Kindern, dass sie bestimmte Eigenschaften und Rollen erlernen. Dabei spielen die Wertvorstellungen der Eltern wohl eine sehr viel größere Rolle als deren sexuelle Orientierung. Viele Heterosexuelle gehen davon aus, dass es bei Homosexuellen aber eine Rollenverteilung gibt, identisch mit der in heterosexuellen Beziehungen. »Wer ist denn von euch der Mann und wer ist die Frau?«, ist wohl das meistgehasste Klischee, das Homosexuelle immer wieder zu hören bekommen. Pascal hat dazu mal sehr passend gesagt: »Du gehst ja auch nicht zum Chinesen und fragst, welches Stäbchen die Gabel und welches das Messer ist.« Es geht nicht darum, wer in der Beziehung einen eher konventionell männlichen und einen eher konventionell weiblichen Part übernimmt. In homosexuellen Beziehungen wird ähnlich wie in heterosexuellen Beziehungen selbstverständlich aufgeteilt, wer sich um Steuererklärung, Wäschewaschen, Einkauf, Handwerken oder den Hausputz kümmert. Homosexuelle führen keine anderen Beziehungen als Heterosexuelle. Sie lieben sich, streiten sich, gehen zur Arbeit oder bleiben zu Hause, schmieden gemeinsame Zukunftspläne oder trennen sich irgendwann wieder. Entsprechend haben viele auch einen Kinderwunsch wie heterosexuelle Paare.

Wenn ein Kind zur Adoption freigegeben wird, bedeutet das: Zwei Heteroeltern konnten oder wollten es aus welchem Grund auch immer nicht großziehen. Dafür mag es viele, auch nachvollziehbare Gründe geben, aber Fakt ist: Sie übernehmen die Erziehung ihres Kindes nicht selbst. Eine Adoption ist ein zähes, langwieriges und kräfteraubendes Prozedere. Wenn sich also ein Paar dazu entscheidet, dann muss der Wunsch, mit einem Kind zu leben und ihm ein gutes Leben zu ermöglichen, groß sein. Beantragen nun aber zwei Homosexuelle eine Adoption, denken die meisten Menschen nicht: Wie toll, eine neue Chance für das Kind! Sondern: Lasst uns doch lieber andere heterosexuelle Menschen finden, die es irgendwie besser machen. Bei der Suche nach einer neuen Familie geht es also in der deutschen Gesellschaft nicht nur darum, Menschen zu finden, die ein Kind liebevoll großziehen, sondern zunächst einmal, ob sie auch die »richtige« sexuelle Vorliebe haben. Dabei brauchen Kinder in erster Linie etwas zu essen, etwas zu trinken, eine Toilette, ein Bett und Liebe. Alles andere ist zweitrangig.

Mir kommt bei diesem Thema auch immer die Frage in den Kopf: Was geht es denn eigentlich heterosexuelle Menschen an, wie homosexuelle leben? Warum ist es für mich als Heterosexuelle wichtig, ob jemand (den ich möglicherweise nicht mal kenne) einen anderen Mann oder eine andere Frau heiratet oder ein Kind zu sich nimmt, wenn es gut behandelt wird? Was daran empfinden heterosexuelle Menschen so sehr als Bedrohung, dass viele vehement gegen die Hochzeit oder Adoption von Homosexuellen sind? Ist das nur der selbstlose Gedanke, dass fremde Heimkinder möglichst wenig geärgert werden? Wollen diese Menschen nur das Beste für die fremden Kinder? Sie selbst sind in den seltensten Fällen dazu bereit, ein Kind aus dem Heim bei sich aufzunehmen und dafür zu sorgen, dass sie Fürsorge und Förderung erfahren. Was oder wo ist also das Problem? Ich denke, da geht es häufig eigentlich um diesen Punkt:

3. Das widerspricht dem deutschen Bild der Familie

Da ist Angst, so viel Angst. Davor, dass die Werte, die man selbst so oft eingeschärft bekommen hat, sich verändern könnten. Dass nichts bleibt, wie es war, wenn man sich nicht mal auf das ursprüngliche Prinzip »Mann + Frau = Kind« verlassen kann. An diesem klassischen Familienbild hat auch die Kirche einen großen Anteil. Über Jahrhunderte hinweg hat die kirchliche Lehre alle sexuellen Handlungen, die nicht in der Ehe und zum Zweck der Fortpflanzung stattfinden, verurteilt. Besonders hart ins Gericht ging sie dabei immer mit der Sexualität zwischen Männern. Sie beriefen sich dabei auf die Bibel, in der eindeutig belegbar sei, dass Homosexualität nicht gottgewollt ist. Auch heute noch ziehen viele konservative Geistliche diese Zitate gerne heran (zum Beispiel verbietet die alte Schrift, »bei einem Mann [zu] liegen wie bei einer Frau« (Lev 18,22) und bedroht die Beteiligten mit der Todesstrafe (Lev 20,13). Zuletzt wurde in der Weltkirche erneut die Frage nach einer möglichen Segnung homosexueller Paare von der Glaubenskongregation eindeutig mit Nein beantwortet. Auch Papst Franziskus soll das Segnungsverbot gutgeheißen haben. In Deutschland gab es dazu geteilte Meinungen, zahlreiche Geistliche und andere Kirchenvertreter waren jedoch empört. So auch der Vorsitzende der Deutschen Bischofskonferenz, Bischof Georg Bätzing, der sich in jüngster Zeit offen für die Segnung gleichgeschlechtlicher Partnerschaften gezeigt hatte. Denn Bibelstellen wie die oben genannten gelten bei vielen Theologen wie Religionswissenschaftlern als höchst umstritten. Die Zitate seien aus dem Kontext gerissen und der historische Kontext werde dabei nicht beachtet. Denn die Bibel kennt Homosexualität nicht als gleichgeschlechtliche Liebe und Partnerschaft auf Augenhöhe, sondern wenn hier die Rede davon ist, geht es um sexuelle Handlungen, die der Gesellschaftlich nicht dienlich sind (zum Beispiel Ehebruch, Missbrauch von Männern als Machtdemonstration, Vergewaltigung von Kindern). Trotzdem hält sich die wörtliche Auslegung dieser Bibelstellen hartnäckig in den Köpfen vieler, und Homosexualität wird nach wie vor häufig als Sünde dargestellt. So wurde zum Beispiel kürzlich der Priesteranwärter Henry Frömmichen aus dem Priesterseminar geworfen, weil er bei Instagram ein Selfie mit einem schwulen Prominenten postete. Frömmichen müsse die Ausbildung quittieren, weil er Homosexualität propagiere und somit für die Kirche nicht mehr tragbar sei, hieß es vom Leiter des Priesterseminars.

Ist es zusätzlich zur konservativen kirchlichen Lehre vielleicht auch unser Fortpflanzungstrieb, der sich regt, wenn es um die Adoption durch gleichgeschlechtliche Paare geht? Haben manche Angst, dass wir aussterben, wenn jetzt schon die »Homos« adoptieren dürfen? Dieses Argument greift ebenso wenig wie das, dass Gott Homosexualität für widernatürlich hält. Denn in der Tierwelt ist Homosexualität gang und gäbe. Ob Pinguine, Flugalbatrosse oder Affen: Hier gibt es sowohl gleichgeschlechtliche dauerhafte Beziehungen als auch ausschließlich sexuelle Kontakte. Während schwule Pinguine verwaiste Eier ausbrüten, haben die Nachkommen von lesbischen Flugalbatrossen bessere Überlebenschancen. Männliche Bonobos haben untereinander Geschlechtsverkehr, um den sozialen Stress in der Gruppe zu verringern. Und das sind nur wenige Beispiele, die alle der Evolution absolut dienlich sind.

So spielt es gerade in Bezug auf die Kindererziehung wenn überhaupt nur eine untergeordnete Rolle, ob ein Paar gleichgeschlechtlich lebt oder nicht. Pascal und Basti holten früher einmal pro Woche das Kind von Freunden von der Kita ab und verbrachten den Nachmittag mit ihm, wenn die Eltern arbeiteten. Auch heute verbringt das Kind noch regelmäßig Zeit mit ihnen, bleibt manchmal ein ganzes Wochenende. Das Kind liebt die beiden. Es spielt überhaupt keine Rolle, ob die beiden Babysitter schwul oder hetero sind – Hauptsache, sie können zusammen spielen und widmen dem Kind möglichst viel Zeit und Aufmerksamkeit.

Ich habe es schon oft erlebt, dass Kinder gegenüber der Andersartigkeit von Menschen vor allem neugierig sind. Es hängt viel davon ab, was sie darüber von Erwachsenen lernen, ob Andersartigkeit etwas Schlechtes ist oder nicht. Wenn du mich fragst, hat Deutschland mit meinen Freunden zwei wunderbare, fürsorgliche Väter verloren. Wer weiß, welchem Kind oder welchen Kindern sie ein schönes Leben hätten schenken können.

Was bedeutet Homophobie?

Der Begriff »Phobie« legt nahe, dass es sich um Angst vor Homosexualität handelt. Tatsächlich geht es bei vielen Menschen mit homophoben Neigungen auch um Ängste. Allerdings empfinden einige auch Ablehnung, Unsicherheit, Feindseligkeit oder sogar Ekel. Dafür gibt es zahlreiche unterschiedliche Gründe. Zum Beispiel das zuvor genannte (kirchlich) geprägte Bild von Familie, die Sorge, dass sich Gesellschaftsstrukturen verändern könnten, oder die allgemeine Ablehnung von Unbekanntem. Gerade auch die Beschäftigung mit verinnerlichten Geschlechterbildern ist für viele Menschen aufwühlend, denn sie werden durch Homosexualität ins Wanken gebracht: Wenn es »typisch Mann« und »typisch Frau« nicht mehr gibt, wer bin ich dann und worauf kann ich mich in der Identitätsfindung verlassen?

Homophobie ist auch möglich bei Menschen, die selbst homosexuell sind, aber aus Angst vor Ablehnung, Ausgrenzung und der Beschäftigung mit der eigenen Sexualität offenkundig Homosexualität ablehnen. Manche – ob selbst homosexuell oder nicht – fürchten, dass sie von gleichgeschlechtlich Lebenden »umgedreht« werden könnten. Das heißt, sie fühlten sich bislang in ihrer sexuellen Orientierung sicher, sorgen sich aber beim Kontakt mit Homosexuellen darum, auf einmal schwul, lesbisch, bisexuell oder grundsätzlich »anders als hetero« zu werden. Also wählen sie die sichere Taktik: Lieber Abstand halten und gleich allen anderen klar machen, dass man selbst ganz sicher nicht homosexuell ist.

Männer sind übrigens deutlich häufiger homophob als Frauen. Womöglich haben es Frauen hier auch ein kleines bisschen leichter: Als ich zur Schule gegangen bin, war es ganz normal, dass Mädchen mit ihren besten Freundinnen auf dem Schulhof Händchen hielten oder sich einen Kuss zur Begrüßung gegeben haben. Männern wurde von klein auf beigebracht, dass es unmoralisch ist, wenn sie körperlich mit anderen Männern werden. Das zeigt sich auch beim Sport, zum Beispiel, wenn sich jemand in der Fußballmannschaft als schwul outet. Da entsteht bei vielen automatisch der Gedanke: »Heißt das, der steht auf mich?« oder »Sollte ich mich beim Duschen lieber wegdrehen?«. Interessanterweise kommen diese Fragen im sportlichen Mixed-Bereich nicht so stark auf. Auch hier teilen Männer und Frauen oft ganz selbstverständlich die gleiche Umkleide. Dabei ist es hier genauso wie bei Homosexuellen: Jeder Mensch findet nur bestimmte andere Menschen anziehend, ob homosexuell oder hetero. Entsprechend sagt die sexuelle Orientierung nichts darüber aus, wie viele Personen jemand aus seiner Sportmannschaft attraktiv findet oder nicht.

Homophobie festigt sich auch dadurch, dass nicht nur über das Thema sexuelle Orientierung, sondern generell über Sexualität wenig gesprochen wird. Solange sie ein Tabuthema bleibt, können auch Vorurteile nicht ausgeräumt werden. Vor allem die Generationen unserer Großeltern und Eltern haben noch gelernt, dass man über Sex nicht spricht. Meine Oma wusste nicht einmal, wie Kinder entstehen. Als sie das erste Mal schwanger war, konnte sie sich gar nicht erklären, wodurch »das« passiert war – ein göttliches Geschenk vielleicht? Doch auch für jüngere Leute ist Sex oft noch immer ein Thema fürs heimische Schlafzimmer. Das ist auch völlig in Ordnung, schließlich gibt es kaum sensiblere Themen als die Intimsphäre. Dennoch würde ein etwas offenerer Umgang mit Sexualität es einfacher machen, auch einmal sachlich an die Thematik heranzugehen und sich nicht so sehr von seinen Emotionen leiten zu lassen. Denn auch das kann Homophobie abbauen, weil man plötzlich merkt: Meine Ängste sind ja völlig unbegründet. Ich habe die Erfahrung gemacht, dass besonders Schwule häufig offener über Sex sprechen als Heterosexuelle. Vielleicht, weil sie sich damit zwangsläufig häufiger und anders auseinandersetzen mussten als Heterosexuelle. Auch wenn jeder seine Grenzen bei diesem Thema selbst festlegen muss, können Heterosexuelle hier von Homosexuellen etwas über einen lockereren Umgang mit dem Thema lernen.

Der Wunsch nach »Normalität« ist in unserer Gesellschaft offenbar so groß, dass es nach wie vor sogenannte Konversionstherapien gibt, also den Versuch von Ärzten, Homosexuelle von ihrer geschlechtlichen Vorliebe zu »heilen«. Als das kürzlich bei Kindern und Jugendlichen verboten wurde, war ich geschockt: Wie, das wurde verboten? Heißt das, solche Therapien gab es in Deutschland noch? In manchen Aspekten des Lebens bin ich naiv, keine Frage. Aber dass es ernsthaft erlaubt ist (für Erwachsene teilweise immer noch), Homosexuelle als Kranke zu betrachten, die man zu Heterosexuellen »umerziehen« will, da fehlen mir einfach die Worte.

Sich nicht zu outen bedeutet ständiges Verstecken

Heirat und Adoption sind die zwei großen Themen, über die in Deutschland lautstark diskutiert wurde. Worüber wenig gesprochen wird, sind die zahlreichen kleinen und großen Verletzungen, denen sich Homosexuelle ausgesetzt sehen. Alle Homosexuellen setzen sich früher oder später damit auseinander, ob sie offen zu ihrer Orientierung stehen oder nicht. Manche »outen« sich früh, andere erzählen es ihr ganzes Leben lang niemandem, manche gestehen es sich vielleicht nicht einmal selbst ein. Die eigene Sexualität nicht zu leben, sondern gegen sie zu arbeiten, macht die meisten Menschen nicht nur psychisch fertig, sondern erfordert auch sehr viel Energie.

Stell dir dazu einmal folgende Situation vor: Du kommst am Montagmorgen zur Arbeit und quatschst in der Teeküche mit deinen Kollegen. Einer fragt dich, wie dein Wochenende war. Wenn du hetero bist, erzählst du vielleicht davon, dass du die Eltern deiner »besseren Hälfte« besucht hast, in den Zoo gegangen bist oder eine Radtour gemacht hast. Wenn du Single bist, erzählst du womöglich, dass du feiern warst. Deine Kollegen werden deine Aktivitäten vermutlich nicht weiter hinterfragen. Wenn du Single bist, werden sie vielleicht nachhaken, ob du auf der Pirsch einen netten Fang gemacht hast. Was aber antwortest du, wenn du homosexuell bist und deine Kollegen davon nichts wissen? Wie »verkaufst« du als schwuler Mann deine Schwiegereltern, wenn du nicht von den Eltern deines Freundes sprechen möchtest? Was erzählst du, wenn man dich fragt, ob du etwa alleine in den Zoo gegangen bist? Warst du dann mit einem Freund unterwegs und nicht mit deinem Freund? Und was sagst du, wenn du als Schwuler gefragt wirst, ob du auf der Party »'ne heiße Frau« abgeschleppt hast? Wer sich (noch) nicht geoutet hat, erfindet Ausreden. Und das ist wahnsinnig anstrengend. Gerade bei der Arbeit kommt neben der Sorge, dass andere schlecht über einen denken, noch die Angst dazu, dass man nicht mehr aufgrund der eigenen Leistung beurteilt wird. Es wäre nicht das erste Mal, dass jemand nicht befördert wird oder aufgrund falscher Anschuldigungen gefeuert wird, weil er sich geoutet hat oder jemand ihn »verraten« hat.

Pascal hat sich in seinem Leben für das Outing entschieden, auch bei der Arbeit. Er fühlt sich wohl damit, selbst wenn es immer wieder Situationen gibt, in denen er die Abneigung anderer zu spüren bekommt. Das muss nicht einmal als Beschimpfung gedacht sein, aber du kannst dir mit Sicherheit vorstellen, wie »lustig« folgende Bemerkung eines Kollegen angekommen ist: »Ich war neulich bei einer Darmspiegelung. Ich kann gar nicht verstehen, wie der Pascal das gut finden kann.« Wie geht man damit um? So wie mit allen Konflikten im Leben: Die einen ertragen sie stillschweigend und leiden für sich, die anderen gehen in die Konfrontation (und fragen vielleicht an der Stelle nach, ob er denn schon mal Analsex mit einer Frau hatte – das ist für viele Heteros nämlich im Vergleich zum Sex bei Schwulen überhaupt kein Problem). Pascal hat gelernt, an welcher Stelle es wichtig ist, für sich einzustehen, und wo es sich einfach nicht lohnt, vor eine Wand zu reden. Aber er hat sich grundsätzlich dafür entschieden, nach vorne zu gehen und in seinem großen Unternehmen für mehr

Akzeptanz zu sorgen. Deswegen hat er ein Netzwerk gegründet, um das Thema Homosexualität zu enttabuisieren. Es soll einfach keine Rolle spielen. Denn das Versteckspiel ist nicht nur für Homosexuelle anstrengend, sondern schadet auch dem Betrieb: Wer sich ständig mit Ausreden beschäftigen muss und damit, dass seine Homosexualität verborgen bleibt, der vergeudet Unmengen an Energie, die er eigentlich dafür einsetzen könnte, bei der Arbeit produktiv zu sein.

Auch im Privatleben hat Pascal seinen Umgang mit dem Thema gefunden. Während er anfangs noch jedem von seiner Homosexualität erzählte – eine Art Selbsttherapie und das Verlangen, sein wahres Ich nach einem langen Versteckspiel endlich in die Welt herauszuschreien –, spricht er heute nur noch darüber, wenn es passt. Nicht primär, weil er Angst davor hat, wie sein Gegenüber reagiert, sondern einfach, weil es keine so große Rolle mehr spielt. Als Hetero binde ich einer fremden Person ja auch nicht beim Kennenlernen auf die Nase, mit wem ich gerne Sex habe. Es kann sein, dass ich von meinem Partner erzähle, aber es kann eben auch sein, dass wir im Gespräch gar nicht auf das Thema Partnerschaft kommen.

Pascal hat wie zahlreiche andere schwule Männer nicht nur einmal erlebt, dass er auf offener Straße als »Scheiß Schwuchtel« beschimpft worden ist – von Menschen, die er nie zuvor gesehen hat. Deshalb hielt er in seiner ersten Beziehung auch nie Händchen, um solchen Anfeindungen von vorneherein aus dem Weg zu gehen. Es gibt Menschen, die meinen, es sei schließlich auch ein Statement, als homosexuelles Paar Händchen zu halten. Das sehe ich genauso: Es ist ein Statement, dass man sich gernhat. Nicht mehr und nicht weniger. Warum muss jemand, der schwul oder lesbisch ist, sich fürs Händchenhalten rechtfertigen und jemand, der hetero ist, nicht? Pascal hat sich heute seine eigene Strategie überlegt: Wenn er von einer Horde Männern als »Scheiß

Schwuchtel« beschimpft wird, antwortet er: »Das klang aber gestern Nacht noch ganz anders.« Mal sehen, über wen dann gelacht wird.

Wie weiblich darf ein schwuler Mann sein?

Zum Glück hat sich das Bild von Homosexuellen in den letzten Jahrzehnten stark gewandelt. Je jünger die Menschen sind, desto aufgeschlossener sind sie gegenüber alternativen Lebensformen. Die Grenze ihrer Toleranz ist für viele aber nach wie vor dann erreicht, wenn zum Beispiel schwule Männer sehr weiblich auftreten. Das geht für das »starke Geschlecht« überhaupt nicht – und viele Männer fühlen sich dadurch in ihrem Selbstbild angegriffen. Es gibt sogar schwule Männer, die denken: Ich muss besonders männlich wirken, damit die übrigen ja nicht denken, sie hätten Recht mit ihren Vorurteilen. »Muss das denn sein?«, habe ich schon oft gehört, wenn Männer sich sehr feminin geben. Natürlich muss das nicht sein. Man kann auch mit geschlossenem Mund nießen, um niemanden zu stören, oder weniger lachen, wenn andere Menschen meinen, die eigene Lache sei zu »dreckig«. Aber die wesentliche Frage lautet doch nicht: Muss das sein?, sondern: Darf das sein? Die Antwort liegt auf der Hand: Ja klar, warum denn nicht? Wenn sich dadurch jemand so ausdrückt, wie er sich innen fühlt, soll er das doch nach außen auch so zeigen dürfen. Das muss nicht jedem gefallen. Und man muss auch nicht jeden Menschen mögen. Aber das ändert nichts daran, dass jeder so sein darf, wie er ist, ohne danach fragen zu müssen, ob das anderen so passt oder nicht.

Dabei finde ich wesentlich, sich zu fragen, warum man eine Abneigung gegen bestimmte Verhaltensweisen hat. Wenn man zu dem Ergebnis kommt, dass man es selbst gar nicht genau weiß, sondern es einen »einfach stört«, ist das Urteil nicht besonders fundiert. Womöglich liegt es dann eher daran, dass man selbst umdenken beziehungsweise sich mit eigenen Ängsten und Werten und deren Herkunft beschäftigen müsste. Das ist anstrengend und macht keinen Spaß. Wäre aber fair. Auf der anderen Seite darf man bei besonders weiblich wirkenden Schwulen genauso wie bei allen anderen zu dem Urteil kommen, dass man das nicht mag. Ich tue mich zum Beispiel mit übertrieben wirkender Weiblichkeit schwer, wenn ich das Gefühl habe, dass sie nicht authentisch ist, also ein Mann nicht so ist, weil er sich nun mal so fühlt, sondern weil er das Drama liebt und gerne Wirbel um sich selbst macht. Dann wirkt das Schwulsein überzeichnet und ich habe das Gefühl, dass der Mann damit schreit: »Ich bin schwul, akzeptiert das alle sofort!« Ich frage mich in diesen Fällen, ob das Verhalten nur eine Schutzmauer ist: Bevor mich jemand Tunte nennt, bin ich lieber eine. Und das kann ganz schön anstrengend sein – für alle Betroffenen. Stark extrovertiertes Verhalten ist oft damit verbunden, viel zu reden und im Mittelpunkt zu stehen. Das muss man mögen, aber es hat nicht unbedingt etwas mit Sexualität zu tun. Ich kenne auch Heterosexuelle, die total »over the top« sind. Manchmal ist das anstrengend, aber oft ist es auch das, was ich an diesen Menschen so gerne mag, weil sie viel Energie versprühen.

Ob ich die Andersartigkeit eines Menschen nun mag oder nicht, das oberste Gebot ist aus meiner Sicht, ihr mit Respekt zu begegnen. Im besten Fall ist das Akzeptanz, im schlechtesten Fall zumindest Toleranz. Kurz nachdem ich von Pascals Liebe zu Männern erfahren hatte, haben wir im Kino den Film »Sommersturm« angesehen. Hier verliebt sich ein junger Mann im Trainingslager beim Rudersport in seinen besten Freund. Der Film endet nicht wie eine heterosexuelle Schnulze, denn die beiden bekommen sich leider nicht, da der beste Freund nicht schwul ist. Aber der Hauptdarsteller lernt vor Ort ein anderes, ausschließlich schwules Ruderteam kennen, macht seine ersten Erfahrungen mit einem Mann und wird sich erst in diesem Moment so richtig über seine Sexualität bewusst. Der Film hat mich sehr berührt. Und zwar, weil jemand Liebe, Zuneigung und Akzeptanz gefunden hat, nachdem er sich so lange versteckt hatte. Die Liebe ist vielleicht das wichtigste Gefühl, das wir Menschen für unser Leben brauchen. Denn wenn wir nicht lieben dürfen, wen wir wollen, wie können wir dann glücklich sein? Wieso nehmen wir uns raus, jemandem vorzuschreiben, wen er lieben darf und wen nicht? Was geht uns diese Liebe an – zumindest, wenn sie niemand anderem wehtut? Hast du dich nicht auch schon mal in jemanden verliebt, bei dem du im Nachhinein dachtest: Wie konnte ich nur? Oder warst du einmal in deinen Lehrer verliebt, in den Bruder einer Freundin oder einen deutlich älteren Mann beziehungsweise eine ältere Frau? Liebe folgt nicht den gesellschaftlichen Konventionen, sie passiert einfach. Gefühle kann man nicht willentlich ändern, aber sie werden schöner, wenn man sie frei von Vorurteilen leben darf.

5. Kapitel

Die Babymörder

Oder: Warum nicht nur Jugendliche abtreiben, die zu dumm zum Verhüten sind

Ella ist Mutter. Ihr Sohn Linus ist acht, Tochter Lilli ist sechs und der kleine Leon ist drei. Vielleicht wäre Ella auch noch Mutter von einem vierten Kind geworden, wenn sie nicht abgetrieben hätte. Seitdem sie sich vor sechs Monaten für den Abort entschieden hat, vergeht kein Tag, an dem sie nicht über das ungeborene Kind nachdenkt und an dem sie keine Schuldgefühle hat. Mit ihrem Mann spricht Ella nicht über ihre Sorgen, schließlich haben sie die Entscheidung gemeinsam getroffen, und für ihn ist das Thema damit beendet. Mit Freunden darüber zu sprechen, traut sich Ella ebenfalls nicht, denn Abtreibung ist nicht nur ein Tabuthema, sondern auch mit vielen Vorurteilen behaftet.

Eins davon kennst du mit Sicherheit: Ungewollt schwanger werden überwiegend junge Frauen, die zu viel getrunken haben, mit irgendwem nach einer Party ungeschützt Sex hatten und noch vor dem Hauptschulabschluss ein »Uuups-ich-dachte-bei-einem-Mal-passiert-schon-nichts«-Baby gezeugt haben. Danach muss das Baby weg, weil die ungewollt Schwangere sonst zu Hause rausfliegt, wenn sie nicht erst mal die Schule fertig macht. Aber Ella ist keine Protagonistin der Serie »Teenie-Mütter«, sondern Ella ist 42 Jahre alt und war auch nicht »zu dumm zum Verhüten«.

Als Ella und Christian acht Jahre zuvor ihren Sohn Linus bekommen, sind sie die glücklichsten Menschen auf der Welt. Zwei

Jahre später kommt Lilli zur Welt, für Christian ist die Familienplanung perfekt. Ella wünscht sich noch ein weiteres Kind, aber Christian möchte nicht. Also beschließen die beiden, dass Ella zunächst in ihren Job als Architektin zurückkehrt und sie sich ein Jahr Zeit geben, um zu schauen, ob ein drittes Kind vielleicht doch noch infrage kommt. Nach der langen beruflichen Auszeit genießt es Ella, wieder zu arbeiten, aber als das Jahr vorbei ist, steht für sie trotzdem fest: Sie möchte noch ein Kind. Dieses Mal will sie danach früher wieder in den Job einsteigen. Christian lässt sich darauf ein. Er ist zwar zufrieden, wie es ist, aber wenn Ella unbedingt noch ein drittes Kind möchte, trägt er die Entscheidung mit.

Als Leon auf die Welt kommt, ändert sich das Leben der Familie schlagartig. Leon hat einen Herzfehler, und wie sich in den ersten Wochen herausstellt, wird er zeitlebens schwer behindert bleiben. Plötzlich ist nichts mehr, wie es vorher war. Ständig stehen Arztbesuche mit Leon auf dem Programm, und auch später, mit zwei Jahren, braucht der Kleine noch viel mehr Aufmerksamkeit und Zuwendung als andere Kinder in dem Alter. Darunter leiden nicht nur die beiden älteren Geschwister, sondern auch die Beziehung von Ella und Christian. Christian hat es nie laut ausgesprochen, aber es steht zwischen den beiden im Raum, dass Christian eigentlich kein weiteres Kind wollte. Ella fühlt sich schuldig. Sie war bei der Geburt von Leon schon 39, da ist das Risiko deutlich höher, dass das Kind nicht gesund zur Welt kommt. Und auch wenn Ella Leon liebt, hat sie das Gefühl, keinem aus der Familie mehr wirklich gerecht werden zu können. Vor allem nicht sich selbst. Den Plan vom schnelleren Wiedereinstieg in den Job musste sie komplett begraben: Mit einem pflegebedürftigen Kind und zwei weiteren Kindern ist eine Berufstätigkeit einfach nicht drin.

Als Leon drei wird, kommt die Familie endlich etwas zur Ruhe. Er erhält einen Platz in einem integrativen Kindergarten und

Ella kann wieder ein bisschen durchatmen. Christian und Ella nehmen sich Zeit, das Ganze aufzuarbeiten, und machen eine Paartherapie. Langsam nähern sie sich wieder an und finden zurück zueinander – bis es Ella körperlich schlecht geht. Ihr ist auf einmal übel, schwindelig, sie hat Rücken- und Unterleibsschmerzen. Wenn sie es nicht besser wüsste, würde sie denken, dass sie schwanger ist. Aber das kann nicht sein, denn sie hat sich noch unter der Geburt von Leon sterilisieren lassen – das war die Absprache mit Christian.

Verhütung ist keine Garantie

Vier Wochen später hat Ella die Gewissheit: Sie ist wieder schwanger, mit ihrer Sterilisation muss irgendetwas schiefgelaufen sein. Sie kann es nicht fassen, ist erst einmal ein paar Tage wie in einer Schockstarre. Als sie sich danach durch Internetforen klickt, liest sie, dass auch eine Sterilisation keine wasserdichte Angelegenheit ist: Etwa fünf von eintausend Frauen werden trotzdem wieder schwanger. Ella ist eine der fünf.

In ihr entfacht sich ein heftiger Kampf. Sie liebt Kinder, liebt ihre Kinder, aber noch einmal von vorne anfangen kann sie einfach nicht. Dafür hat sie keine Kraft. Ihre Beziehung zu Christian ist gerade wieder halbwegs stabil und ihre Kinder sind gut untergebracht. Hinzu kommt, dass sie nach der Geburt von Leon nun große Angst hat, dass auch dieses Kind behindert sein könnte. Einmal davon abgesehen, dass sie sich nicht in der Lage sieht, die Belastung durch ein weiteres, möglicherweise behindertes Kind zu stemmen, haben die unzähligen Operationen und Behandlungen von Leon das finanzielle Polster der Familie so weit schrumpfen lassen, dass sie jetzt um ihr Haus kämpfen müssen. Ella hat sich eigentlich schon für eine Abtreibung entschieden, als sie beim Frauenarzt auf dem Behandlungsstuhl sitzt und das Herz ihres ungeborenen Kindes schlagen sieht. Sie ist in der achten Woche. Als sie in Tränen ausbricht, gibt ihr die Gynäkologin das Material einer Beratungsstelle mit, bei der sie einen Termin ausmachen soll.

Vorher spricht Ella mit Christian. Sie hatte bis dahin noch immer nicht den Mut gefunden, ihm zu sagen, dass sie wieder schwanger ist. Nicht ganz zu Unrecht, wie sich in dem Gespräch herausstellt. Christian ist wie Ella mit der Situation absolut überfordert und rastet richtig aus. Er macht Ella Vorwürfe und sagt, dass er sich von ihr trennen würde, wenn sie das Kind bekommen möchte. Das ist zu viel für Ella. Sie möchte Christian nicht verlieren – sie kann und will ihre drei Kinder nicht alleine großziehen. Sie entscheidet sich für die Abtreibung. Auch das vom Staat vorgeschriebene Beratungsgespräch ändert nichts mehr an ihrer Entscheidung. Es geht nicht anders, sonst kommt sie nicht zurecht.

In den Wochen nach dem Abort ist Ella nur noch ein Schatten ihrer selbst. Sie ist wie betäubt, fühlt sich innerlich absolut leer. Im Alltag funktioniert sie wie ein Roboter, der es gerade so hinbekommt, den Kindern Essen zu machen, sie in den Kindergarten und die Schule zu bringen und sie von dort wieder abzuholen. Christian hat dafür wenig Verständnis. Für ihn war die Abtreibung die einzig logische Entscheidung und er versteht nicht, warum Ella so unter dem »Verlust« von »ein paar Zellen« leidet.

Da Ella nicht mehr weiß, was sie tun und mit wem sie sprechen soll, sucht sie erneut Rat im Internet. Hier stößt sie auf den Begriff »Post Abortion Syndrome« (PAS). Dahinter verbirgt sich, dass manche Frauen nach einer Abtreibung psychisch erkranken. Einige bekommen Depressionen, leiden vor allem unter Schuldgefühlen, Verlust des Selbstwertgefühles, starker Traurigkeit und Alpträumen. Manche können keine anderen Schwangeren mehr ansehen oder sehen in jedem Kind auf der Straße ihr ungeborenes Kind. Das PAS (welches an das Krankheitsbild der Posttraumatischen Belastungsstörung angelehnt ist) wird in Deutschland nicht als Krankheit anerkannt und der Begriff ist auch umstritten, denn er wird gerne von Abtreibungsgegnern als Argument genutzt, Abtreibungen zu verbieten – nicht nur zum Schutz für das ungeborene Leben, sondern auch zum Schutz der Mutter. In den USA ist das PAS allerdings als Krankheit anerkannt. Trotzdem gibt es weltweit nur wenige Studien, die belegen, wie belastend eine Abtreibung für Frauen tatsächlich ist. Von »einer Abtreibung« zu sprechen ist auch schwierig, denn jeder Abort ist anders und wird von den Betroffenen anders wahrgenommen. Ich habe für ein Rechercheseminar umfassend zum Thema Spätfolgen von Abtreibungen geforscht und aufgrund sehr schlechter medialer Berichterstattung und eines schlechten Forschungsstandes (die Ergebnisse der wenigen vorhandenen Studien sprechen ganz klar für das PAS oder dagegen – je nachdem, ob die jeweilige Studie von Abtreibungsgegnern oder -befürwortern durchgeführt wurde) mit vielen Beratungsstellen telefoniert. Hier sagten mir die Beratenden, dass die Reaktionen auf eine Abtreibung sehr unterschiedlich seien. Wie immer im Leben spielen die Umstände der Frauen eine wichtige Rolle dabei, ob sie mit der Entscheidung für eine Abtreibung zurechtkommen oder nicht. Das heißt, ob sie ein soziales Umfeld haben, welches sie auffängt, ob sie psychisch vorbelastet waren, ob sie sich zu einem späteren Zeitpunkt Kinder wünschen oder sie aufgrund möglicher Spätfolgen des Abbruchs keine Kinder mehr bekommen können. Und mit Sicherheit spielt auch eine Rolle, wie der Schwangerschaftsabbruch vorgenommen wurde. Bis zur neunten Woche lässt er sich teilweise durch Medikamente durchführen, was eine andere Erfahrung ist als eine später notwendige Operation zum selben Zweck.

Viele Frauen kommen laut der Beratungsstellen grundsätzlich gut mit ihrer Entscheidung zurecht beziehungsweise bereuen sie zumindest nicht. Denn selbst wenn sie unter dem Abbruch leiden, heißt das noch lange nicht, dass sie nicht gelitten hätten, wenn sie sich für das Kind entschieden hätten. Sie hätten dann vielleicht keine Schuldgefühle gegenüber dem ungeborenen Kind, aber wären möglicherweise wie im Fall von Ella völlig ausgebrannt. Hätte Ella das vierte Kind bekommen, würde sie sich vielleicht ihren anderen drei Kindern gegenüber schuldig fühlen, weil sie ihnen nicht mehr gerecht werden könnte. Und sie hätte sich allein um vier Kinder kümmern müssen, weil ihr Mann sie verlassen hätte. Für Frauen, die ungewollt schwanger werden, ist die Entscheidung oft so etwas wie die Wahl zwischen Pest oder Cholera: Beides fühlt sich furchtbar an, aber zu einem Entschluss müssen sie sich durchringen.

Es gibt keine gute Entscheidung, sondern nur eine weniger schlechte

Wie das Leben für Ella verlaufen wäre, wenn sie sich für das Kind entschieden hätte, wird sie nie herausfinden. Sie hat nur festgestellt, dass sie mit der Entscheidung gegen das Kind nicht zurechtkommt. Nachdem sie vom PAS gehört hat, sucht sie sich professionelle Hilfe, um den Verlust zu verarbeiten. Sie sagt, das schulde sie ihren lebenden Kindern.

Die Gründe für einen Schwangerschaftsabbruch sind so unterschiedlich wie die Situation, in der eine Frau schwanger wird. Manche entscheiden sich für einen Abbruch, weil sie sich ein Leben mit Kind nicht zutrauen. Natürlich wächst man grundsätzlich mit seinen Aufgaben, aber es gibt Situationen und Lebensentwürfe, da hat ein Kind keinen Platz – und dann auch keine Chance. Ich habe zum Beispiel eine Frau kennengelernt, die unter Depressionen litt und mir sagte, dass sie sich deshalb gegen Kinder entschieden habe. Ich fand, sie war eine sehr liebevolle Person und ich hätte sie mir gut als Mutter vorstellen können. Aber dennoch verstehe ich, dass sie sagte, sie sei so mit sich selbst und ihrem Leben beschäftigt, dass sie sich nicht angemessen um ein anderes Wesen kümmern könne.

Andere Frauen treiben ab, weil ihnen medizinische Komplikationen vorhergesagt werden. Eine Schwangerschaft kann zum Beispiel für die Mutter lebensgefährlich werden. Dann ist eine Abtreibung die einzige Möglichkeit, ihr Leben zu retten. Oder es wird deutlich, dass das Kind eine schwere Krankheit oder Behinderungen haben wird, und die werdende Mutter oder der Vater trauen sich entweder das Leben mit diesem Kind nicht zu oder sie möchten ihm einen solchen Leidensweg nicht zumuten. Denn oft steht nicht nur eine geistige Behinderung im Raum, sondern auch ein schweres körperliches Handicap, was bedeutet, dass das Kind nicht nur rund um die Uhr betreut werden muss, sondern möglicherweise auch starke Schmerzen haben wird.

Ein häufiger Grund ist sicher auch, dass die Lebensplanung einer Frau oder eines Mannes mit einer ungewollten Schwangerschaft komplett aus den Fugen gerät. Dabei kann es »nur« (und was heißt: nur?) um die eigene Karriere gehen, die man damit an den Nagel hängen muss, noch bevor sie begonnen hat, oder aber bedeuten, dass man eine Chance aufgeben muss, die möglicherweise so nie wiederkommt. So war es bei Anke.

Als sie in ihrer Jugend zum ersten Mal zur Frauenärztin ging, stellte diese fest, dass Anke wohl keine Kinder bekommen kann. Auch wenn sie noch sehr jung war, nahm sie das nicht besonders mit. Sie war ein freiheitsliebender Mensch und verspürte nie den Drang, mit ihren Freundinnen darüber zu sprechen, irgendwann den Richtigen zu finden, um mal eine Familie zu gründen. Für sie stand recht früh fest, dass sie keine Kinder wollte. Nach der Schule machte Anke eine Ausbildung als Einzelhandelskauffrau, aber der Bürojob war nicht so ihr Ding, also reiste sie durch die Welt, nahm mal hier und mal da einen Job an. Doch als sie nach fünf Jahren in aller Welt pleite zurück nach Deutschland kam, fand sie keinen Job. Vier Jahre lang war sie arbeitslos, zog wieder bei ihren Eltern ein und lebte von staatlicher Unterstützung. Auch wenn sie sich grundsätzlich gut mit ihren Eltern verstand, litt sie sehr darunter, nicht mehr ihre gewohnten Freiheiten zu haben. Und sie konnte es nicht ertragen, jemand anderem auf der Tasche zu liegen – weder ihren Eltern noch dem Staat. Nach vier Jahren hatte sie endlich Glück: Sie bekam einen Job in einem Logistikunternehmen – wenn auch nur als Leiharbeiterin. Aber man sagte ihr, dass auch Aussichten auf eine Festanstellung bestünden, je nachdem, wie sie sich machte. Also hängte sie sich voll rein und fand Gefallen an der Arbeit in einem großen Lager.

Etwa zeitgleich lernte sie Jens kennen. Aus einer Affäre wurde eine Beziehung. Das Thema »Kinder« war dabei für beide schnell abgehandelt – Anke hatte Jens recht bald erzählt, dass sie keine Kinder bekommen konnte und auch keine wollte, und Jens sah das genauso. Wie sich später herausstellte, war zwar an dem Punkt »keine Kinder wollen« etwas dran, nicht aber an »keine Kinder bekommen können«. Anke war gerade drei Monate bei der Zeitarbeitsfirma, als sie einen positiven Schwangerschaftstest in den Händen hielt. Mal ganz abgesehen davon, dass sie nie Kinder wollte, hatte sie nach jahrelanger Arbeitslosigkeit endlich eine neue Perspektive. Und selbst, wenn in Deutschland während der Schwangerschaft und im Mutterschutz keiner Frau gekündigt werden darf – auch nicht in Leiharbeit – war sich Anke dennoch sicher, dass sie sich eine Festanstellung in diesem Unternehmen mit Kind abschminken konnte. Also entschied sie sich für einen Abbruch. Dabei machte sie die Erfahrung, dass das schon vor dem Eingriff gar nicht so leicht ist. Ihre Gynäkologin beglückwünschte sie herzlich dazu, dass sie trotz schlechter Prognosen schwanger geworden war. Als Anke durchblicken ließ, dass sie trotzdem nicht schwanger bleiben wollte, wurde die Ärztin richtig ausfallend und hielt ihr vor, wie viele Paare sich Kinder wünschten und keine bekommen konnten und dass man nicht einfach leichtfertig ein Leben wegwerfen dürfe. Trotzdem besorgte sich Anke den Termin bei einer Beratungsstelle, wo ihr auch der Schein mit der Berechtigung zur Abtreibung ausgestellt wurde. Danach versuchte sie, einen Arzt zu finden, der den Abbruch vornimmt. Dabei musste sie feststellen, dass viele Krankenhäuser keine Schwangerschaftsabbrüche mehr durchführen – auch aufgrund des wachsenden Drucks von Abtreibungsgegnern. Bei ihren Telefonaten wurde sie oft sehr unfreundlich, wenn nicht sogar wie eine Kindsmörderin behandelt. Erst an zwölfter Stelle fand sie einen einfühlsamen Arzt, der ihrem Wunsch nachkam. Die Abtreibung selbst war für Anke die richtige Entscheidung, aber durch das Drumherum hat sie das Gefühl bekommen, fortab mit dem Stigma »Kindsmörderin« herumzulaufen, auch wenn sie es selbst nicht so empfunden hat.

Am besten ist natürlich, wenn eine Frau gar nicht erst ungewollt schwanger wird. Aber es passiert, und zwar gar nicht selten: Im Jahr 2019 sind in Deutschland knapp 101 000 Schwangerschaftsabbrüche durchgeführt worden, das heißt, knapp sechs von 1000 Frauen haben sich für einen Abort entschieden. Die Zahlen widerlegen dabei aber ganz klar viele Vorurteile wie die folgenden.

Es treiben nur junge Leute ab, die nicht richtig aufgeklärt worden sind

Nur knapp drei Prozent der Frauen waren unter achtzehn Jahren – damit ist der »jugendliche Leichtsinn« widerlegt beziehungsweise er spielt in dem Fall nur eine absolut untergeordnete Rolle. Die Hälfte aller Abtreibungen wird bei Frauen zwischen fünfundzwanzig und fünfunddreißig durchgeführt. Jede achte Frau ist über vierzig Jahre alt.

Ungewollt schwanger werden Singlefrauen, die zu viel und zu unvorsichtig durch fremde Betten hüpfen

Tatsächlich ist etwas mehr als die Hälfte der Frauen ledig (ob sie Single oder in einer Beziehung sind, sagt die Statistik nicht). Jede dritte Frau ist jedoch zum Zeitpunkt der Abtreibung verheiratet.

Frauen treiben ab, weil sie keine Lust auf Kinder haben

Nur vierzig Prozent der Frauen waren beim Schwangerschaftsabbruch kinderlos. Um nicht zu sagen: Mehr als die Hälfte der Frauen hatte bereits mindestens ein Kind.

Ungewollt schwanger werden ist was für Dumme

Schwangerschaftsabbrüche sind auch keine Frage der sozialen Schicht. Das kann ich zwar nicht statistisch belegen, aber allein in meinem Freundes- und Verwandtenkreis kenne ich zehn Kinder, die zumindest zum Zeitpunkt ihrer Entstehung keine Wunschkinder waren. Dabei habe ich viele Begründungen gehört: Von »Ich dachte, während man stillt, kann man nicht schwanger werden« über »Ich dachte, während man seine Tage hat, kann man nicht schwanger werden« bis hin zu »Ich kann mir gar nicht erklären, wie das passiert ist, wir haben ganz normal verhütet«. Im Freundeskreis habe ich zudem festgestellt, dass so gut wie alle Freundinnen und Freunde »nur« einfach verhüten, also zum Beispiel nur mit der Pille, der Spirale oder der Hormonspritze. Und einige auch zeitweise nur mit einem Kondom. Dass es bei der einfachen Verhütung gar nicht so selten zu ungewollten Schwangerschaften kommt, zeigt der »Pearl-Index«. Er ermittelt, wie viele Frauen innerhalb eines Jahres schwanger werden, obwohl sie eine entsprechende Verhütungsmethode angewendet haben. So liegt der Wert derzeit bei der Hormonspirale bei etwa zwei Frauen von eintausend, bei der Dreimonatsspritze bei einer von einhundert, bei der Minipille ein bis zwei von einhundert und bei Kondomen etwa zwei bis zwölf von einhundert. (Bei sachgemäßer Verwendung liegt der Wert bei zwei von einhundert, reißt das Kondom zum Beispiel durch einen langen Fingernagel oder rutscht zu früh ab, kommt es zu bis zu zwölf ungewollten Schwangerschaften unter 100 Frauen.)

Wenn eine von einhundert Frauen schwanger wird, mag man vielleicht denken, dass es relativ unwahrscheinlich ist, dass es einen »trifft«. Ist es ja auch – aber eben auch alles andere als unmöglich. Also kann grundsätzlich jede Frau, die nicht abstinent lebt, in die Situation kommen, ungewollt schwanger zu werden. Man hat es nur bis zu einem gewissen Punkt selbst in der Hand, wie wahrscheinlich es ist. Ich kenne ein Kind, das nach Angaben der Mutter sogar trotz Pille und Kondom entstanden ist.

Wie auch immer man selbst zu dem Thema Abtreibung steht: Ich finde es wichtig, Respekt vor Frauen zu haben, die diese Entscheidung treffen müssen. Denn ganz egal, ob diese Schwangerschaft in einem unvernünftigen Moment zu Stande gekommen ist (und mal ganz ehrlich: Wer von uns hatte jenseits vom Kinderkriegen noch nie einen Moment, in dem er gehofft hat, noch mal mit einem blauen Auge davonzukommen?) oder tatsächlich durch Dinge wie medizinisches Versagen: Eine ungewollte Schwangerschaft ist für jede Frau eine sehr große Belastung.

Natürlich kann sie das auch für Männer sein, wenn sich zum Beispiel die Frau für eine Abtreibung entschieden hat und er das Kind gerne behalten hätte. Das muss sehr schlimm sein, wenn man machtlos zusehen muss, weil im Endeffekt die Frau entscheidet, ob sie das Kind austrägt oder nicht. Und selbst wenn die Entscheidung für die Abtreibung gemeinsam getroffen wurde, zum

Beispiel aus ökonomischen Gründen oder weil ein Kind die Kräfte des Paares übersteigen würde, leiden Männer manchmal genauso wie die Frauen darunter. Aber wenn im öffentlichen Kontext überhaupt über das Thema Abtreibung gesprochen wird, dann stehen in der Regel die Frauen im Fokus. Sie sind diejenigen, die von Abtreibungsgegnern als Kindsmörderinnen beschimpft werden – den Begriff »Kindsmörder« gibt es für Männer nicht, auch wenn sie genauso zur ungewollten Schwangerschaft beigetragen haben.

Dadurch fühlen sich viele Frauen zusätzlich zu der schwierigen Entscheidung stark belastet. Denn alle Frauen haben gemeinsam: Ein Abbruch geht an keiner spurlos vorbei. Und so ganz schnell mal eben kann in Deutschland schon aus gesetzlichen Gründen keine Frau abtreiben. Ohne rechtlich bestraft zu werden, darf sie nur dann eine Abtreibung vornehmen lassen, wenn sie sich innerhalb der ersten zwölf Wochen nach der Empfängnis dafür entscheidet, wenn sie zusätzlich zu einem Beratungsgespräch in einer gesetzlich anerkannten Beratungsstelle geht, ihr dort eine Bescheinigung ausgestellt wird und danach mindestens drei Tage bis zum Eingriff vergangen sind. Ausnahmen gibt es nur für Frauen, bei denen eine medizinische Indikation vorliegt, wenn also wie oben beschrieben Gefahr für Mutter oder Kind drohen beziehungsweise eine Behinderung wahrscheinlich ist, oder wenn eine kriminologische Indikation vorliegt, zum Beispiel nach einer Vergewaltigung. Dann ist eine Abtreibung auch zu einem späteren Zeitpunkt noch erlaubt.

Unter welchen Umständen es auch immer zu einem Abbruch kommt: dass es ihn gegeben hat, wird keine Frau je vergessen. Nicht jede erkrankt nachher am Post Abortion Syndrome, aber ich kann mir beim besten Willen nicht vorstellen, dass es auch nur eine Frau gibt, welche die Abtreibung vornehmen lässt und danach nie wieder darüber nachdenkt. Ich habe zwei Mal ungewollt ein Kind verloren, zum Glück noch in einem sehr frühen Stadium ohne Herzschlag. Trotzdem war es so, dass ich in den Wochen danach immer wieder darüber nachgedacht habe, wie weit meine Schwangerschaft jetzt wäre. Und gerade, wenn es um den errechneten Geburtstermin geht, kreisen die Gedanken immer wieder darum. Der Verlust von wachsendem Leben macht etwas mit einem – ob man sich selbst dazu entschieden hat oder unfreiwillig damit konfrontiert wurde. Wer gegen Abtreibung ist, sollte dennoch darüber nachdenken, Frauen nicht für ihre Entscheidung zu verurteilen und sie als schlechte Menschen oder gar »Mörderinnen« hinzustellen. Denn kaum eine Frau wird diese Entscheidung leichtfertig treffen – und viele sind durch die Folgen schon gestraft genug.

6. Kapitel

Die Behinderten

Oder: Warum Menschen mit Behinderung oft weniger behindert sind als Menschen ohne Handicap

»Einen wunderschönen guten Morgen, Frau Zöller« – so bin ich eine Zeit lang jeden Morgen bei meiner Arbeit in der Öffentlichkeitsarbeit eines karitativen Verbandes begrüßt worden. Oder besser gesagt: Jeden Morgen, wenn Kyra Dienst hatte. Kyra ist eine junge Frau mit Handicap. Sie hat bei der Geburt nicht genug Sauerstoff bekommen und ist dadurch geistig nicht so weit entwickelt wie andere junge Frauen in ihrem Alter. Bei meinem Arbeitgeber, der auch Menschen mit Behinderung beschäftigt, hat sie mit Anfang zwanzig einen Job gefunden, der ihr Spaß macht: Sie klopft morgens an alle Bürotüren und fragt, ob jemand einen Kasten Sprudelwasser bestellen möchte, klärt über das tolle Mittagessensangebot auf – das Essen kochen sie und ihre Kollegen mit etwas Unterstützung selbst –, und in der Weihnachtszeit weist sie darauf hin, dass wieder frische Plätzchen gebacken wurden, auch wenn das gar nicht nötig wäre, weil man sie schon im ganzen Haus riechen kann. Sie deckt in den Konferenzräumen die Tische ein und räumt sie nach den Terminen wieder ab. Danach sorgt sie mit ihren Kollegen dafür, dass die Spülmaschine eingeräumt und alles wieder sauber und ordentlich wird. Egal, wie ich in den Tag starte – wenn Kyra an die Bürotür klopft und sagt »Wir haben heute Spinat-Feta-Quiche im Angebot« und ich wie jedes Mal antworte »Vielen Dank, aber ich habe ein Brot dabei«, dann nimmt sie das mit einem strahlenden »Ok« entgegen, und nach einem bisschen Smalltalk über das Wetter verlässt sie mein Büro wieder. Oder sie fragt noch schnell: »Gibt's mal wieder ne coole Aktion bei Facebook? Frau Zöller, du weißt ja, ich bin dabei!«

Bis Kyra diesen Job angefangen hat, war es für sie nicht immer leicht. Genauer gesagt war es besonders für ihre Eltern nicht leicht: Kein »normaler« Kindergarten, keine »normale Schule«, danach keine »normale« Ausbildung. Kyra ist zwar bewusst, dass sie nicht wie viele andere ist, und sie weiß, dass man das eine Behinderung nennt, aber sie scheint sich nicht besonders daran zu stören. Sie kennt es nicht anders und sie vermisst auch nichts. Aber für ihre Eltern bedeutet die Behinderung vor allem eins: sich ständig zu kümmern. Denn alles, was in Deutschland nicht der Norm entspricht, ist zunächst einmal schwierig. Als Kyra im Kindergartenalter war, hatte von »Inklusion« noch niemand gehört. Es gab keine flächendeckenden Konzepte für integrative Kitas. Also ging Kyra nicht in den Kindergarten. Ihre Mutter kehrte nach drei Jahren Babypause nicht in ihren Beruf zurück, sondern blieb zu Hause, um sich um ihre behinderte Tochter zu kümmern.

Da in Deutschland seit 1978 die allgemeine Schulpflicht für jedes Kind, unabhängig von seinen körperlichen und geistigen Fähigkeiten, gilt, war es auch für Kyra mit sechs Jahren an der Zeit, eine Schule zu besuchen. Die Schulpflicht war für ihre Mutter ein Segen – endlich wieder ein bisschen Alltag und Struktur für die ganze Familie. Kyra ging in eine Förderschule für Menschen mit geistiger Behinderung. Sie fand sich dort gut zurecht und knüpfte schnell Freundschaften. Sie ging gerne zur Schule, auch wenn sie in der vierten Klasse längst nicht das gelernt hatte, was andere Kinder bereits in der ersten Klasse können. Aber sie lernte in ihrem Tempo und war damit zufrieden.

Schwieriger war die Situation dagegen für Kyras Bruder Henry. Er ist zwei Jahre älter und nicht behindert. An sich versteht er sich mit seiner Schwester so wie andere Geschwister auch: Sie streiten sich, vertragen sich, lieben sich, hassen sich, necken sich und sind dann wieder ganz kuschelig miteinander. Aber Henry wurde, insbesondere als er noch ein Kind war, aufgezogen mit seiner »Behindi-Schwester«. Wenn er sich mit seinen Freunden zum Rollhockey spielen auf der Straße traf und Kyra zuschauen wollte, dann bekamen beide regelmäßig Sprüche ab. »Verpiss dich, du Mongo«, haben sie gerufen. Als Kyra einmal mitspielen wollte, schubsten sie sie weg und riefen: »Du bist viel zu dumm, du wirst nie mitspielen können.« Kyra verstand gar nicht, was los war und fing an zu weinen. Daraufhin wurde sie noch heftiger geschubst, bis sie hinfiel und sich das Knie aufschürfte. Kyra war ein leichtes Opfer, sie konnte sich nicht wehren. Henry hingegen wusste genau, dass Kyra Hilfe brauchte. Aber er schämte sich für sie. Und so beschimpfte auch er Kyra, damit er bei seinen Jungs dazugehörte und nicht auch noch ausgegrenzt wurde. Nachher tat es ihm leid, aber er konnte nicht anders.

Berührungsängste schränken viele mehr ein als ihre Behinderung

Auch für Menschen mit Behinderung stellt sich nach der Schule die Frage, wie es für sie weitergeht. Viele von ihnen – nämlich 300 000 in Deutschland – arbeiten in sogenannten Werkstätten, die in der Regel von karitativen und wohltätigen Verbänden betrieben werden. Nur ein Bruchteil der Beschäftigten hat die Chance, einen Arbeitsplatz außerhalb einer Werkstatt zu bekommen. Werkstätten sind nicht grundsätzlich etwas Schlechtes. So haben sie zum Beispiel den Vorteil, dass sie ein geschütztes Arbeitsumfeld bieten: Deadlines und eine bestimmte Geschwindigkeit beim Arbeiten werden hier nicht vorgegeben und gekündigt werden können die Beschäftigten auch nicht. Viele von ihnen sind hier zufrieden und gehen gerne zur Arbeit. Aber die Werkstätten haben den großen Nachteil, dass die Auswahl an Tätigkeiten deutlich begrenzt ist. Viele von ihnen bieten etwas Handwerkliches an, eine Sortiertätigkeit, Handarbeit oder Reinigungsarbeiten. So findet allerdings nicht jeder Mensch mit Behinderung in einer Werkstatt das, was seinen Vorlieben und Neigungen entspricht. Kyra fühlte sich dort zum Beispiel von keiner Tätigkeit angesprochen. Sie war schon immer ein kommunikativer Typ und wollte »etwas mit Menschen« machen.

Viele Firmen haben Berührungsängste bei Menschen mit Behinderung. Es stellt sich für Personalchefs oft gar nicht die Frage, ob insbesondere geistig behinderte Menschen potenzielle Arbeitnehmer sein könnten. Es gibt meist keine Erfahrungswerte und so ist es wie bei allem, was man nicht kennt: Man traut ihm erst einmal nicht. Man weiß nicht, wie man mit behinderten Menschen umgehen soll oder darf, denkt, dass man mit ihnen nicht normal reden kann, wenn es ein Problem gibt, und hat Angst, dass sie nicht zuverlässig sind. Dabei kann ich aus eigener Erfahrung sagen, dass Kyra zu hundert Prozent zuverlässig ist.

Viele geistig Behinderte sind besonders engagiert

Bei meiner Arbeit habe ich eine weitere junge Frau mit Behinderung kennengelernt, die mich sehr beeindruckt hat. Denn für Natalie haben wir in der Öffentlichkeitsarbeit eine Veranstaltung mit einer besonders großen Tragweite organisiert: Kanzlerin Angela Merkel ist gekommen – um die junge Frau mit Down-Syndrom zu besuchen. Wie es dazu kam? Vor der Bundestagswahl 2017 hat sich Angela Merkel in einer Fernsehshow den Fragen der deutschen Bürger gestellt. Im Studio saß auch Natalie und hatte eine Frage an die Kanzlerin: »Neun von zehn Babys mit Down-Syndrom werden in Deutschland nicht geboren. Sie werden abgetrieben. Ich will nicht abgetrieben werden, ich will auf der Welt bleiben. (...) Wie stehen Sie zum Thema Spätabbruch?«

Es folgte eine der wenigen Situationen, in denen man die Kanzlerin berührt sah. Sie sprach davon, dass es ein harter Kampf war, überhaupt im Parlament durchzubringen, dass auch Menschen mit Spätabtreibungen verpflichtet sind, an einem Beratungsgespräch teilzunehmen und erst drei Tage danach einen Abbruch vornehmen lassen dürfen. Und Merkel sagte, dass sie Natalie vielleicht mal an ihrem Arbeitsplatz in einem inlusiven Kölner Café besuchen kommen wolle.

Tatsächlich war das keine hohle politische Floskel, sondern Merkel hielt Wort: Ein dreiviertel Jahr später besuchte sie Natalie an ihrem damaligen Arbeitsplatz im Café. Eine halbe Stunde sprach die Kanzlerin mit ihr, denn zusätzlich zum Thema Spätabtreibungen hatte Natalie noch viele andere Fragen auf dem Zettel, von deren Tiefgründigkeit ich mehr als erstaunt war: »Wann kommen die verhafteten Journalisten aus der Türkei frei?«, »Warum gibt es so viel Müll im Ozean?«, »Warum baut Donald Trump so viel Mist?« und »Wann hört der Streit mit Seehofer auf?«. Natalie war politisch an einigen Stellen besser informiert als ich. Es mag sein, dass sie länger braucht, um komplexe Sachverhalte zu verstehen, aber ganz ehrlich: In der politischen Welt überhaupt einen Überblick zu behalten, ist nicht leicht. Natalie schreibt seit vielen Jahren Artikel für den »Ohrenkuss«, ein Magazin, das von Menschen mit Down-Syndrom herausgegeben wird. Mittlerweile arbeitet sie dort sogar Hauptberuflich als Journalistin und schildert dabei politische Konflikte so, dass sie gut verständlich sind – das können viele Journalisten ohne Behinderung nicht so gut wie sie.

Was mich aber vor allem beeindruckt, ist Natalies Eifer. Sie bezeichnet sich als »Inkluencerin« – das Wort ist eine Mischung aus »Influencer« und »Inklusion«. Natalie brennt dafür, sich politisch einzusetzen, die Welt zu verändern – auch in Bezug auf das Thema Spätabtreibungen. »Ich möchte, dass andere wissen, dass wir

Menschen mit Down-Syndrom auch coole Leute sind« – mit dieser Botschaft geht Natalie in die Welt hinaus. Sie weiß, dass es durch die Pränataldiagnostik immer weniger Menschen mit Trisomie 21 gibt, weil Eltern oft schon recht früh in der Schwangerschaft wissen, ob sie ein behindertes Kind erwarten oder nicht – und wenn ja, entscheiden sie sich in neun von zehn Fällen dagegen, es zu bekommen. Seit vielen Jahren steht zur Diskussion, ob Bluttests zur Bestimmung der Trisomiewahrscheinlichkeit in bestimmten Fällen standardmäßig von den Krankenkassen übernommen werden. Natalie setzt sich dagegen ein – und auch dagegen, dass man Babys mit Down-Syndrom noch bis kurz vor der Geburt abtreiben darf.

Sind kostenlose Trisomietests Fluch oder Segen?

Ich finde es besonders wichtig, dass sie diese Fragen stellt und darauf aufmerksam macht. Ganz ehrlich: Niemand wird behaupten, dass die Entscheidung für oder gegen ein behindertes Kind eine leichte ist. Ich denke, dass Eltern ganz allein entscheiden müssen, ob sie sich ein Leben mit einem behinderten Kind vorstellen können. Aber was ich schwierig finde und zumindest für diskussionswürdig halte, ist, ob von Politik und Gesellschaft hier eine Marschrichtung vorgegeben wird. Bislang ist es so, dass die gesetzlichen Krankenkassen bei Risikoschwangerschaften die Kosten für invasive Erkennungsmethoden wie die Fruchtwasseruntersuchung übernehmen. Zur Risikogruppe gehören dabei unter anderem Frauen mit Mehrlingsschwangerschaften, bestimmten chronischen Krankheiten oder auch alle Frauen über fünfunddreißig Jahre, denn die Wahrscheinlichkeit, dass ein Kind mit Trisomie geboren wird, steigt mit dem Alter der Mutter deutlich. So liegt sie bei Frauen bis fünfundzwanzig Jahren etwa bei eins zu tausend und bei Vierzigjährigen bei eins zu siebzig. Invasive Untersuchungen auf Trisomien sind dabei nicht ungefährlich: Etwa fünf bis zehn von tausend Frauen erleiden dadurch eine Fehlgeburt. Deswegen wurde 2019 beschlossen, dass voraussichtlich ab Ende 2021 auch der nichtinvasive Pränataltest von den gesetzlichen Krankenkassen übernommen wird. Dieser Bluttest ist für Mutter und Kind ungefährlich, die werdenden Eltern müssen ihn aber derzeit selbst bezahlen, und das kostet je nach Anbieter 130 bis 430 Euro. Die Entscheidung für eine Kostenübernahme klingt für Schwangere erst einmal gut, Kritiker wie Natalie sehen das aber anders: Sie haben Sorge, dass durch diese einfachere und ungefährliche Methode immer mehr Frauen den Test machen lassen. Da er kostenfrei ist, wird signalisiert, dass man ihn auch in Anspruch nehmen sollte – was die Schwangeren unter Druck setzt. Dennoch ist die Kostenübernahme bereits politisch beschlossen. Das allerdings bedeutet nicht, dass künftig jede Risikoschwangere »schnell mal eben« einen Test machen lassen kann. Bedingung ist hier die ausführliche Beratung durch einen Arzt und eine umfassende Versicherteninformation, die unabhängig und ergebnisoffen über den Test und mögliche Konsequenzen unterrichtet. Kritiker finden dennoch, dass grundsätzlich bei der Übernahme der Kosten die Botschaft mitschwingt: Menschen mit Behinderung sind nicht erwünscht beziehungsweise gehören nicht zum normalen Bild der Gesellschaft.

Dazu trägt auch bei, dass Babys mit Down-Syndrom bis kurz vor der Geburt abgetrieben werden dürfen, während in einigen Kliniken Deutschlands Ärzte bereits ab der 20. Schwangerschaftswoche mit allen Kräften um das Überleben eines frühgeborenen Kindes, was bis dahin vermutlich keine Behinderung hat, kämpfen. Dabei leiden viele dieser Kinder an den Folgeschäden dieser frühen Geburt und den anschließenden Maßnahmen.

Eine Abtreibung nach der 20. Schwangerschaftswoche heißt konkret, dass eine Geburt eingeleitet wird. Da es theoretisch möglich wäre, dass ein Kind diese eingeleitete Geburt überlebt, wird in das Herz oder die Nabelschnurvene eine Kaliumchloridlösung gespritzt, die zu einem sofortigen Herzstillstand und somit zum Tod des Kindes führt. Wie gesagt: Auch wenn ein Spätabbruch eine wirklich harte Sache ist, möchte ich kein Urteil über Eltern fällen, die sich dazu entscheiden. Aus meiner Sicht müsste aber viel mehr an der Akzeptanz für Menschen mit Behinderung in der Gesellschaft getan werden, damit Eltern eher das Gefühl haben, dass ein Leben mit einem behinderten Kind nicht schrecklich werden muss und ein Mensch mit Behinderung genauso seine Daseinsberechtigung hat. Fünfzig bis siebzig Prozent aller Fehlgeburten sind auf Chromosomenfehler zurückzuführen. Die Kinder wären damit nicht lebensfähig. Wenn Kinder mit Down-Syndrom überleben, dann zeigt das allein doch schon, wie stark sie sind.

Da ich den Besuch von Angela Merkel bei Natalie mit vorbereitet habe, kam ich einige Male mit ihrer Mutter ins Gespräch. Sie unterstützt ihre Tochter, ist schon fast ihre Managerin, da Natalie durch den Auftritt in der Fernsehsendung fast Prominentenstatus erlangt hat. Ich habe mich mit ihrer Mutter darüber unterhalten, wie es für sie war, als sie mit Natalie schwanger war. Sie sagte, dass das Thema Pränataldiagnostik damals kein Thema gewesen sei, weil sie sich einfach auf ihr Kind gefreut habe und nicht selektieren wollte. Sie hat nicht geleugnet, dass das Leben mit einem behinderten Kind auch anstrengend sein kann. Aber in erster Linie fand sie bisher nicht die geistige Behinderung am belastendsten, sondern dass Natalie Herzprobleme hat (wie es bei Menschen mit Down-Syndrom nicht selten vorkommt) und sie deswegen viel Zeit im Krankenhaus verbracht haben. Die Pubertät von Natalie und ihrem nicht behinderten Bruder habe sich aber zum Beispiel im Wesentlichen nicht unterschieden: Beide hätten mal Ärger in der Schule gehabt, waren mit sich unzufrieden, hatten Streit mit Freunden und haben sich das erste Mal verliebt. Aber egal, welche Probleme es gab, sie habe keine Minute mit ihrer Tochter bereut. Im Gegenteil: Heute ist sie stolz darauf, dass Natalie sich so engagiert. Und wie Natalie gibt es viele andere Menschen mit Down-Syndrom, die ihr Leben nicht zurückgezogen im stillen Kämmerlein verbringen: Ich weiß von Schauspielern, einem Model, mehreren Journalisten und sogar von einem Uni-Absolventen.

Nach meiner Erfahrung mit Menschen mit geistiger Behinderung braucht man im Gegensatz zu nicht behinderten Menschen vor allem von einer Sache mehr: Geduld. Es geht vieles nicht so schnell. Als ich einen Fernsehbeitrag mit Menschen mit Behinderung gedreht habe, musste ich die Fragen teilweise zehnmal stellen, davon neunmal neu formuliert. Und ich musste damit leben, dass auch ein zehntes Mal manchmal nicht gereicht hat, damit die Antworten oder Reaktionen kamen, die ich mir gewünscht habe. Dafür war das, was kam, zu hundert Prozent echt. Ich glaube, dass dafür manchmal die Wertschätzung fehlt. In einer so schnelllebigen Gesellschaft mit so viel Erwartungsdruck sollen Menschen schnellstmöglich die besten Leistungen erzielen. Quantität geht oft vor Qualität. Dabei kann ich die Ungeduldigen verstehen: Mein zweiter Vorname ist Ungeduld. Trotzdem finde ich die Frage berechtigt, wer sich ändern muss: Müssen wir Menschen mit Behinderung »abschaffen« (wenn ich das mal so hart sagen darf, denn ich habe den Eindruck, dass ein gewisser rechter Selektionsprozess bei der Debatte mitschwingt), oder müssen wir geduldiger werden und uns mehr auf die Andersartigkeit einlassen? Ich kann nicht beurteilen, ob ich als ein so ungeduldiger Mensch eine gute Mutter für ein Kind mit Behinderung wäre und ob ich mir das überhaupt zutrauen würde, aber im Falle des Falles würde ich mir zumindest wünschen, dass ich mich traue, es auszuprobieren.

»Das könnte ich nie«

Das sagen viele Menschen. Nicht nur im Bezug darauf, ein Kind mit Behinderung zu bekommen. Ein »Ich könnte das nie« geht schnell über die Lippen. Ich habe es selbst oft zu hören bekommen, als ich über viele Jahre unzählige Lebensmittelunverträglichkeiten hatte und kaum etwas essen konnte – keine Milchprodukte, kein Weizen und keine Eier, heißt keinen normalen Kuchen, keine Pizza, keine Schokolade und eigentlich fast nichts, was man einfach so im Laden kaufen kann. Ich wollte das auch nicht. Aber ich musste, weil ich sonst starke Schmerzen bekommen habe. Eine Entscheidung für oder gegen ein Leben mit einem behinderten Kind hat sicher eine ganz andere Tragweite. Ich will damit nur sagen, dass sich oft Wege und Lösungen finden lassen, die einen selbst überraschen. Und die Gesellschaft hilft dabei, wenn der Druck kleiner wird und die Unterstützung größer.

Das größte Vorurteil gegenüber Menschen mit Behinderung ist, dass sie dumm seien. Dabei spielt es nicht mal eine Rolle, ob sie körperlich oder geistig behindert sind. Ob jemand stottert oder pausenlos blinzelt, ob er taubstumm, blind oder kleinwüchsig ist, ob er eine Spastik hat und dadurch nicht gut oder gar nicht laufen kann: All diese Menschen werden oft auf den ersten Blick für weniger intelligent gehalten als Menschen ohne Handicap. Dabei sind »nur« körperlich Behinderte geistig absolut fit. Ich weiß nicht, woher es kommt, dass man diesen Menschen weniger zutraut. Vielleicht, weil sie häufiger Hilfe benötigen als andere? Spätestens seitdem Stephen Hawking vielen ein Begriff ist, müsste sich doch das Bild gewandelt haben, dass Menschen mit Einschränkung Unglaubliches vollbringen können. Zwar war der berühmte Physiker nicht behindert, sondern an der Nervenkrankheit ALS erkrankt, aber die Auswirkungen (Rollstuhl, Verlust der Sprache) haben sein Leben auch behindert.

Müssen Menschen mit Behinderung bemitleidet werden?

Sicher haben es viele von ihnen manchmal schwerer als andere ohne Handicap. Allein schon, weil die Gesellschaft sie am Rand parkt: Sie sind nach wie vor in Film und Fernsehen unterrepräsentiert (wenn überhaupt gibt es den »Quoten-Rollstuhlfahrer«), sie werden auf dem Arbeitsmarkt nur dann eingestellt, wenn die Unternehmensführung denkt, damit etwas Karitatives zu tun, und sie machen sehr selten Karriere. Trotzdem heißt das noch lange nicht, dass Menschen mit Behinderung unglücklich sind. Zumindest nicht wegen ihres Handicaps an sich. Viele sind damit zur Welt gekommen und kennen es nicht anders. Was sie oft deutlich mehr einschränkt, ist, wie man ihnen begegnet. Menschen ohne Behinderung wissen häufig nicht, wie sie Menschen mit Handicap begegnen sollen. Darf ich gucken? Lieber weggucken? Wie soll ich sie ansprechen? Die meisten Menschen mit Behinderung wünschen sich, dass man sich ihnen gegenüber genauso verhält wie anderen auf der Straße: Wenn ich gerade gedankenlos durch die Gegend schaue und mich für meine Umwelt kaum interessiere, muss ich auch nicht extra hinschauen beziehungsweise demonstrativ wegschauen. Wenn mein Blick aber an meinem Gegenüber hängenbleibt, dann lasse ich ihn dort, nicke vielleicht freundlich, wenn der andere mir auch freundlich gegenübertritt. Ein freundlicher Blick hat noch niemandem geschadet. Menschen mit Handicap wollen ebenso gesehen und beachtet werden wie andere. Das heißt aber eben auch, dass man sie nicht in Watte packen und extra freundlich sein muss. In einem meiner Seminare an der Uni war einmal eine junge Frau, die wegen einer Spastik im Rollstuhl saß. Die Spastik störte mich nicht im Geringsten, dafür aber die Art und Weise, wie sich meine Kommilitonin einbrachte. Ständig zeigte sie auf und erzählte dann ewig lang noch einmal dasselbe, was gerade schon zwei Personen vor ihr gesagt hatten. Man merkte bei ihr, dass sie es gewohnt war, immer eine Sonderrolle zu spielen und sie deswegen ständig die Aufmerksamkeit für sich beanspruchte. Bei einem anderen Seminar lernte ich eine weitere junge Frau kennen, die ebenfalls wegen einer Spastik im Rollstuhl saß – sie kam mit ihren Kommilitonen wunderbar aus und schloss genauso Freundschaften wie andere.

Menschen mit Behinderung ist in der Regel klar, dass sie optisch auffallen. Da ist es nur menschlich, einmal hinzuschauen. Ich selbst habe kein Handicap, bin aber mit einem Meter achtzig für eine Frau recht groß. Wenn mich Passanten auf der Straße anschauten, habe ich mich anfangs oft gefragt, ob ich noch Zahnpasta im Gesicht habe oder einen großen Fleck auf dem Mantel. Aber man gewöhnt sich daran, dass Menschen gucken, weil sie neugierig sind. Neugierde ist nichts Schlechtes. Das Einzige, was keiner braucht, ist ein mitleidiger oder abwertender Blick.

Nicht nur Körperbehinderte, sondern auch Menschen mit geistiger Behinderung werden meist für dumm gehalten. Und tatsächlich werden sie wohl nicht die nächsten Einsteins (oder Stephen Hawkings) werden. Aber ist das alles, was zählt?

Menschen mit niedrigem IQ können trotzdem intelligent sein

Kyra hat mich eine ganz wichtige Lektion gelehrt: Nur ihr Denkvermögen ist eingeschränkt, nicht aber ihr Herz. Sie ist sozial intelligent, es fällt ihr leicht, mit anderen in Kontakt zu treten und sie hat ein gutes Gespür dafür, wie es anderen geht. Ich habe tatsächlich noch keinen Menschen ohne Behinderung kennengelernt, der so bedingungslos lieb und freundlich ist wie Kyra. Zwar wird sie ihr Leben lang den IQ eines achtjährigen Kindes haben, aber dafür bleibt ihr auch die Unbeschwertheit eines Kindes. Sie nimmt das Leben, wie es kommt, und ist zufrieden mit dem, was sie hat. Das einzige Mal, dass ich sie nicht so gut gelaunt gesehen habe, war, als das alljährliche Fußballturnier unseres Arbeitgebers ausgefallen ist. Das fand sie »schon doof«, aber gleich danach relativierte sie die Aussage wieder: »Da kann man halt nichts machen, dann eben nächstes Jahr wieder.«

Ich finde es schade, dass Menschen mit Behinderung, wenn überhaupt, nur einen Platz ganz am Rand unserer Gesellschaft haben. Wie viele Menschen mit geistiger Behinderung kennst du? Sie nehmen oft nicht so am öffentlichen Leben teil wie Menschen ohne Einschränkungen. Dass viele nicht in der Mitte der Gesellschaft leben, ist womöglich auch der Annahme geschuldet, dass sie nicht so »gut« sind wie Menschen ohne Handicap. Denn sie »leisten« nicht so viel wie andere. Wenn es um die wirtschaftliche Arbeitskraft geht, ist da natürlich etwas dran. Kyra wird dem deutschen Staat vielleicht nie dazu verhelfen, dass er reich wird. Aber deswegen kann sie ihn trotzdem bereichern. Mich hat sie zum Beispiel immer wieder dazu gebracht, meinen eigenen Anspruch und das, was wirklich wichtig ist im Leben, zu hinterfragen. Kyra kennt keinen Leistungsgedanken in dem Sinne wie ihn viele nicht Behinderte spüren. Ihr ist nicht wichtig, wer die besten Plätzchen gebacken hat, sondern sie ist stolz, dass sie welche gebacken hat. Und das macht sie wirklich gut. Aber ich habe oft das Gefühl, dass solche Arbeit für Menschen mit Behinderung eher als Beschäftigungsmaßnahme verkauft wird, als zu würdigen, dass sie mindestens für ein gutes Gefühl im Haus sorgen und auch ihren Beitrag leisten, dass die »nicht behinderten« Menschen zum einen etwas zu essen bekommen und zum anderen ein Lächeln im Gesicht haben, weil sie sich über den Keksgeruch freuen oder über das »Einen wunderschönen guten Morgen, Frau Zöller«.

Ihre soziale Intelligenz hat Kyra mir auch gezeigt als ich geheiratet habe: Sie war die Erste, die mich bei meinem neuen Nachnamen nannte. Ein einziges Mal habe ich ihn ihr gesagt, ab dem nächsten Tag sprach sie mich immer damit an. Vielleicht eine Kleinigkeit, aber meine »nicht behinderten« Kollegen haben dafür teilweise ein halbes Jahr gebraucht, und ich habe mich darüber gefreut, dass Kyra den Namen sofort behalten hat – es war ihr wichtig genug, darauf zu achten. Natalie hingegen setzt sich für Politik und Werte ein, die ihr wichtig sind – wie viele junge Leute machen das heute noch?

Menschen mit Behinderung haben in bestimmten Lebensbereichen eingeschränkte Möglichkeiten. Diese Einschränkungen werden bei den meisten bestehen bleiben, aber welche Möglichkeiten sie überhaupt haben, bei denen sie ihre Grenzen austesten können, das hängt in der Regel von der Gesellschaft ab. Einen Menschen mit Behinderung macht so viel mehr aus als seine Einschränkung – dahinter zu schauen lohnt sich.

7. Kapitel

Die Psychos

Oder: Warum psychisch Kranke noch alle Tassen im Schrank haben

Wer psychisch krank ist, der hat »einen an der Waffel«, mit dem stimmt etwas nicht – dieses Vorurteil hält sich hartnäckig, wenn es auch zum Glück nicht mehr so weit verbreitet ist wie noch vor ein paar Jahrzehnten. Trotzdem ist psychisches Leiden immer noch mit einem Stigma behaftet, und es fällt den wenigsten Betroffenen leicht, sich Hilfe zu holen. Dabei ist das eigentlich erstaunlich: Immerhin ist in Deutschland jährlich knapp ein Drittel der Bevölkerung von einer psychischen Erkrankung betroffen. Trotzdem warten viele Betroffene oft monate- bis jahrelang ab, bevor sie Hilfe in Anspruch nehmen – wenn überhaupt. Sie hoffen, dass sie es allein schaffen können, oder sie verdrängen das Problem aus Angst, als schwach, unzurechnungsfähig oder »nicht normal« abgestempelt zu werden.

An der Behauptung »mit dem stimmt etwas nicht« ist tatsächlich etwas dran, allerdings nicht im abwertenden Sinn, sondern es bedeutet lediglich: Bei Personen mit psychischen Erkrankungen ist etwas aus dem Gleichgewicht geraten, und meist bedarf es Hilfe, um das wieder herzustellen oder aber um mit dauerhaften Erkrankungen umgehen zu lernen. Das Spektrum der Leiden reicht dabei von psychischen Verstimmungen (wie beispielsweise einmaligen depressiven Phasen nach besonders belastenden Vorfällen) bis hin zu Erkrankungen, die die Persönlichkeit verändern. Letztere können zum Beispiel sein: multiple Persönlichkeitsstörungen, Schizophrenie oder Borderline-Persönlichkeitsstörungen.

Doch ob schwere Erkrankungen oder zeitweise Verstimmungen: Noch immer stecken viele Menschen psychische Erkrankungen in die Schublade »nicht normal«. Ein Grund dafür ist sicher, dass nicht Betroffene psychische Erkrankungen nur schwer nachvollziehen können – und es auch nicht unbedingt wollen. Es stellt sich einfach niemand gerne vor, wie es ist, wenn man eine innere Leere fühlt oder Stimmen hört. Beinahe jeder kann nachfühlen, dass ein komplizierter Beinbruch sehr wehtut, auch wenn er selbst noch nie einen hatte. Wir können leichte und starke Schmerzen unterscheiden und auch bei anderen einschätzen, ob jemand stark oder weniger stark leidet. Bei psychischen Beschwerden ist das anders: Menschen, deren seelische Verfassung stabil ist und die noch keine seelische Not jenseits von starker Trauer empfunden haben, fällt es oft schwer, sich vorzustellen, warum die Erfahrungen oder Veranlagungen psychisch Erkrankter so gravierende Auswirkungen haben, dass sie großes Leid bei ihnen hervorrufen.

Nicht nachvollziehbar können solche Erkrankungen aber auch für Menschen sein, die selbst schlimme bis traumatische Erlebnisse hinter sich haben, diese aber nicht als psychische Beeinträchtigung oder gar Erkrankungen wahrnehmen, weil sie es entweder nicht wollen oder nicht können. Ich denke da zum Beispiel an meinen Opa, der im Krieg Traumatisches erlebt hat. Noch fünfzig Jahre nach Ende des Krieges hatte er Angst- und Schlafstörungen. Heute würde man das vermutlich als posttraumatische Belastungsstörung einstufen und versuchen, dem Betroffenen zu helfen. In der Generation meines Opas hat man diese Auswirkungen aber nicht hinterfragt, sondern sie mit einem »den anderen geht es ja genauso« meist stillschweigend ertragen.

Da aber niemand ein Leiden – egal ob körperlich oder seelisch – stillschweigend ertragen sollte und das Sprechen über eine erkrankte Psyche allein schon viel Druck für Betroffene mindert, möchte ich in diesem Kapitel die Schublade »Mit denen stimmt was nicht« öffnen und zeigen, dass es eigentlich heißen müsste: »Im Moment stimmt etwas nicht, aber das muss nicht so bleiben«. Dabei gehe ich beispielhaft auf Depressionen und Burn-out ein, unter anderem, weil diese Krankheiten weit verbreitet sind.

Eine psychosomatische Klinik ist kein Trauerladen

Meine Freundin Hanna war vor einiger Zeit für sechs Wochen in einer psychosomatischen Klinik, weil sie einen Zusammenbruch hatte – Diagnose: Burn-out. In der Klinik waren neben Burn-out-Patienten auch noch Menschen mit Depressionen, Angststörungen und anderen psychischen Erkrankungen. Ich habe Hanna dort besucht. »Was für ein Trauerladen muss das sein«, hatte ich vorher befürchtet. Als ich zur Tür hineinkam, dachte ich daher, ich hätte mich in derselben geirrt: Ich hörte Gelächter, die Stimmung wirkte nahezu ausgelassen. Alle high von den Medikamenten? Von wegen!

Bevor ich mehr von dem Klinikbesuch berichte, möchte ich dir erzählen, warum ein stationärer Aufenthalt für Hanna nötig geworden ist. Ich kenne sie schon seit der Grundschule, sie war immer ein Sonnenschein und eine absolute Powerfrau. Während sich unsere Mitschüler nachmittags verabredeten, ging Hanna montags und donnerstags zum Tennis, hatte dienstags Geigenunterricht, gab mittwochs Nachhilfe und engagierte sich freitags ehrenamtlich in einem Altenheim. An den Wochenenden hatte sie meist Tennisturniere. Sie schaffte trotzdem immer alle Hausaufgaben und war eine Einserschülerin. Mit Freunden traf sie sich trotz ihres vollen Terminkalenders – nur eben nicht den ganzen Nachmittag, sondern vor oder nach Tennis, Geige und Co.

Nach dem Einser-Abi studierte Hanna Medizin. Auch wenn das Studium heftig war – gerade die Zeiten rund um ihr Praktisches Jahr und den Hunderttage-Lehrplan –, dachten alle in ihrem Umfeld: Wenn das einer schafft, dann Hanna. Es hat niemanden überrascht, als sie das Studium mit Bestnoten abschloss. Anschließend konnte sie aus mehreren Stellen an renommierten Kliniken wählen. Als sie ihren Facharzt in Chirurgie antrat, hatten wir nur noch wenig Kontakt. Hanna hatte Schichtdienst und schob ständig Sonderschichten. Treffen sagte sie oft ab, weil sie unter Migräne litt. Wenn wir uns mal getroffen haben, war sie erschöpft, aber sie sagte, das sei kein Problem, denn immerhin sei sie erfüllt von dem, was sie mache.

Umso erstaunter war ich, als ich von ihrem Zusammenbruch erfuhr. Das hatte irgendwie niemand kommen sehen – Hanna hatte doch immer alles im Griff? Was für andere eine Herausforderung war, machte Hanna mit links. Dachte ich jedenfalls. Anfangs fiel es ihr schwer, sich einzugestehen, dass sie an Burn-out erkrankt war, und sie konnte sich auch mir nur schwer öffnen. Sie empfand es als Schwäche, dachte, sie sei einfach nicht stark genug und hätte versagt. Dass jeder andere Mensch mit ihrem Pensum schon deutlich früher zusammengebrochen wäre, wollte sie zunächst nicht glauben. Als sie merkte, dass ich nur darüber schockiert war, dass ich ihren Zusammenbruch nicht hatte kommen sehen, und nicht darüber, dass sie psychisch erkrankt ist, konnte sie sich mir öffnen.

Sie sagte, dass sich die strahlende, selbstbewusste Hanna innen schon lange nicht mehr strahlend gefühlt hatte. Ständig kamen Selbstzweifel auf und große Angst, nicht gut genug zu sein. Auch wenn ihre bisherigen Leistungen ihr dafür nie Anlass gegeben hatten, hatte sie immer das Gefühl, dass ihre Leistungen nicht reichen. Also versuchte sie, in allem perfekt zu sein: fehlerlos Geige zu spielen, alle Tennisturniere zu gewinnen, sogar in ihren Freundschaften immer zuvorkommend und niemals anderer Meinung zu sein und in jedem Lebensbereich Fehler zu vermeiden – besonders als Ärztin. Der Zusammenbruch kam, nachdem zum ersten Mal einer ihrer Patienten gestorben war. Hanna saß noch lange, nachdem der Tote weggebracht worden war, neben dem OP-Tisch und konnte sich nicht mehr bewegen. Sie war auch nicht mehr ansprechbar. Nachher konnte sie sich gar nicht daran erinnern, wie sie nach Hause gekommen war. Als sie wieder zu sich kam, bestand ihr Freund darauf, dass sie sich für zwei Tage krankschreiben ließ – widerwillig ließ sich Hanna darauf ein. Später erzählte sie mir, dass das die schlimmsten zwei Tage ihres Lebens waren. Anstatt sich auszuruhen, zerfleischte sie sich mit Selbstvorwürfen: Sie war doch körperlich gesund, konnte geradeaus laufen – warum also sollte sie auf Kosten des Arbeitgebers zu Hause auf der Couch rumliegen? Also beschloss sie nach den zwei Tagen, wieder zur Arbeit zu gehen. Als der Wecker am nächsten Morgen klingelte, musste sie jedoch feststellen, dass sie nicht aufstehen konnte. Ihr fehlte einfach die Kraft.

Zum Glück hatte sie Unterstützung von ihrem Freund Jakob. Er informierte sich im Internet und rief bei Hannas Hausarzt an. Der war glücklicherweise sensibel bei diesem Thema und ermutigte Jakob, Hanna in die Praxis zu bringen. Da Hanna nicht einmal mehr die Kraft hatte, sich dagegen zu wehren, fuhr Jakob sie zum Hausarzt. Im Gespräch klärte der sie auf, dass ihre ständige Migräne, die Müdigkeit und Konzentrationsprobleme in letzter Zeit nicht etwa normal gewesen seien, sondern die Vorboten des Burn-outs. In ihrem Fall empfahl der Arzt eine stationäre Behandlung, um Hanna aus ihrem Umfeld mit der vielen Arbeit vor Augen herauszuholen. In einer Klinik könne sie sich auch gezielt für eine längere Zeit am Stück damit beschäftigen, was zu ihrem Zusammenbruch geführt hatte. Hanna musste bei dieser Diagnose erst einmal kräftig schlucken, aber sie willigte zu Jakobs Erleichterung ein, in eine psychosomatische Klinik zu gehen.

Nachdem sie die ersten Wochen ihres Aufenthaltes erst einmal ganz für sich sein wollte, habe ich sie nach fünf Wochen dort besucht. Es ging ihr nach wie vor schlecht – sich über Jahre unter Druck zu setzen und sein Verhalten so anzupassen, dass man nie Fehler macht, legt man nicht über fünf Wochen so einfach ab. Deswegen reicht es bei einem derartigen Erschöpfungszustand auch nicht aus, wenn man mal zwei Wochen in den Urlaub fährt. Aber immerhin hatte Hanna in den fünf Wochen verstanden, dass sich in ihrem Leben etwas ändern musste. Und ihr Kopf hatte begriffen, dass ein Burn-out kein Versagen war, sondern eine Erkrankung – wenn auch ihre Seele noch deutlich länger brauchte, um das zu verinnerlichen. Außerdem bekam Hanna in der Klinik Hilfe dabei, wie sie ihr Leben ändern konnte.

»Einfach weniger zu arbeiten« ist gar nicht so einfach

Bei Burn-out geht es nicht darum, dass man überdurchschnittlich viel arbeitet, sondern warum man zu viel arbeitet. Es gibt zahlreiche Menschen, die mehr als vierzig Stunden pro Woche arbeiten, aber nicht erkranken, weil sie ihre Arbeit nicht als Stress empfinden. Darüber hinaus kennt man in fast jedem Job stressige Phasen – wichtig ist, dass grundsätzlich die Balance stimmt, die Arbeit nicht zur dauerhaften Belastung wird und man ständig unter Druck steht. Im Übrigen geht es bei Burn-out auch gar nicht nur um berufliche Überanstrengung, sondern jegliche belastenden Situationen können zum Erschöpfungszustand führen: alleinerziehend oder in seiner Existenz bedroht zu sein, die Pflege eines Angehörigen, Prüfungsangst oder Leistungsdruck in Schule, Ausbildung oder Studium. »Pass bloß auf, sonst kriegst du Burnout« – das haben Bekannte mal zu ihrer Tochter gesagt, die gerade versuchte, Uni, Umzug und Job unter einen Hut zu bekommen. Stressige Phasen gibt es immer wieder im Leben – aber deswegen bekommt man noch lange keinen Burn-out.

Krank wird, wer kein Gleichgewicht aus Anspannung und Entspannung mehr herstellen kann. Das Verhältnis sollte in etwa gleich sein, damit der Körper in der Lage ist, sich zu erholen. Entspannung heißt dabei nicht zwangsläufig, sich auf die Couch zu legen und die Füße hochzulegen (auch wenn das sicher dabei sein sollte), sondern sich in einem nicht angespannten Zustand zu befinden. Wer sich zu wenige körperliche wie gedankliche Auszeiten gönnt, bei dem zieht irgendwann der Körper die Reißleine und sagt buchstäblich: keinen Schritt mehr weiter.

Hanna hat in diversen Therapien gelernt, warum sie die Warnsignale ihres Körpers nicht wahrgenommen und warum sie sich selbst so stark unter Druck gesetzt hat. Sie hat erfahren, warum sie sich kaum darüber freuen kann, wenn sie besser als andere ist, sondern es ausschließlich als Schwäche empfindet, wenn sie mal schlechter ist. Und sie hat gelernt, welche Gründe ihr dauerhafter und nicht zu verwirklichender Perfektionismus sowie ihre ständige Suche nach Anerkennung haben. Bei ihr waren es unter anderem Erfahrungen in ihrem Leben, die ihr Selbstwertgefühl geschwächt hatten (nicht zu verwechseln mit dem Selbstbewusstsein und einer nach außen gezeigten Stärke). So wurde sie in der Pubertät von ihren Mitschülern gemobbt. Für Hanna gab es keinen erkennbaren Grund, warum sie plötzlich von einem Großteil der Klasse ausgegrenzt wurde. Die Gespräche verstummten plötzlich, wenn sie hinzukam, oder sie bekam mit, dass hinter ihrem Rücken geredet wurde. Zwei Jungs machten Stimmung gegen sie und viele andere zogen mit – auch ihre besten Freundinnen. Hanna suchte den Fehler bei sich: Was stimmt nicht mit mir? Was habe ich falsch gemacht, dass die anderen mich nicht mehr mögen? Sie konnte sich von diesen Selbstzweifeln auch nicht lösen, als ihre Mitschüler nach einigen Monaten das Interesse daran verloren, Hanna aktiv als Außenseiterin zu behandeln und sich dafür einen anderen Mitschüler aussuchten. Für Hanna blieb hängen: Ich bin als Person nicht liebenswürdig genug, das muss ich ändern.

Erst in ihrer Therapie lernte sie, dass sie deshalb daraus die Strategie entwickelt hatte, keine Fehler mehr zu machen, um jegliche Angriffsfläche zu vermeiden, und es immer anderen rechtzumachen statt sich selbst. Diese Anstrengungen über mehr als ein Jahrzehnt wurden für Körper und Seele zur Dauerbelastung. Wie bei Hanna spielen bei fast allen Burn-out-Erkrankten Fragen wie diese eine Rolle: Warum möchte ich anderen gefallen? Wieso muss ich mir ständig etwas beweisen? Bin ich jemals mit etwas zufrieden? Warum kann ich nicht Nein sagen und warum gehe ich Konflikten aus dem Weg?

Wie bekommt man Burn-out?

Burn-out wird in der Gesellschaft oft flapsig als »Modekrankheit« verunglimpft. Betroffenen sagt man nach, sie seien schnell mit einer Situation überfordert oder nicht belastbar. »Burn-out? Klar, der Job war nichts für so ein Weichei.« Oder man tut so, als ob Burn-out in jeder stressigen Situation auftauchen könne und daher nicht ernstzunehmend sei. Dabei ist das Gegenteil der Fall: Es sind Menschen betroffen, die zu lange Zeit über ihre eigenen Grenzen gegangen sind.

Die eigenen Erfahrungen und Veranlagungen spielen beim Entstehen eines Burn-outs immer eine wesentliche Rolle. Zusätzlich trägt unsere Gesellschaft aber auch zu Krankheitsbildern wie diesem bei. Der Philosoph und Publizist Richard David Precht hat einmal bei einem Vortrag gesagt: »Wir leben gar nicht in einer Leistungsgesellschaft.« Da wollte ich empört aufschreien, bis er seinen Satz vollendete: »Wir leben in einer Erfolgsgesellschaft.

Wen interessiert es denn, was Altenpfleger wirklich leisten? Wir leben in einer Gesellschaft, in der Mädels, die bei ›Germany's Next Topmodel‹ ein unnatürliches Verhalten antrainiert bekommen, wesentlich mehr Erfolg haben als die Menschen, die wirklich etwas leisten.« Dadurch wächst der Druck, nicht nur das zu machen, was uns ausfüllt, sondern vor allem das, womit wir Erfolg haben. Und natürlich Geld verdienen! Damit wir uns Dinge kaufen können, die unser Leben leichter und erfüllter machen: schnelle Autos, selbstfahrende Staubsauger und Essen vom Lieferservice, weil durch die viele Arbeit Zeit und Lust zum Kochen fehlen. Junge Menschen müssen heutzutage alle studieren (»Ohne Abi bist du nichts«), jeder muss später ein Haus besitzen (»Man muss doch den idealen Raum haben, um sich vom stressigen Job zu erholen«) und mindestens ein tolles Auto (»Zeig, was du hast; ›Hauptsache fährt‹ ist voll out«). Und vor allem müssen Jugendliche selbst bei verkürztem Abitur schon wissen, was später mal aus ihnen werden soll. Dem Druck des »Höher-Schneller-Weiter« halten viele nicht stand.

Burn-out ist übrigens kein eigenständiges Krankheitsbild, sondern wird bei den Krankenkassen unter Depressionen geführt. Auch wenn viele Psychologen und Ärzte die Anerkennung als eigenes Krankheitsbild befürworten, hat ein Burn-out immer etwas mit einer Depression zu tun: Jeder Burn-out geht auch mit einer depressiven Episode einher, so wie bei Hanna, die nach ihrem Zusammenbruch in ein Loch gefallen ist, völlig antriebslos war und sich nicht mehr in der Lage sah, selbst Entscheidungen zu treffen.

Den meisten Menschen merkt man eine psychische Erkrankung erst mal nicht an

Zurück zu meinem Besuch bei Hanna in der Klinik. Besucher durften dort nach Vorankündigung zum Mittagessen bleiben, und so saß ich in einer Runde von Menschen mit verschiedenen psychischen Krankheiten. Hätte mir jemand gesagt, dass das ein Hotel ist, hätte ich das auch geglaubt. Die Menschen wirkten »ganz normal«, sie haben viel gelacht. »Hier ist es manchmal wie im Brauhaus«, sagte eine Patientin am Tisch, die die Lautstärke nicht gut aushalten konnte, weil sie durch ihre Erkrankung sehr ruhebedürftig war. »Das liegt daran, dass wir uns hier innerhalb kürzester Zeit sehr gut kennenlernen. Wir sprechen über die Dinge, die uns im tiefsten Inneren bewegen, das bringt uns einander näher.«

Nach dem Mittagessen musste ich noch ein wenig Zeit totschlagen, weil ich Hanna am Abend noch einmal treffen wollte und sie am Nachmittag verschiedene Therapien hatte. Also setzte ich mich draußen in den Park der Klinik und kam mit Ulrike und Svenja ins Gespräch. Ulrike war Anfang sechzig und hatte gerade ihren Mann verloren. Danach ist sie in eine depressive Phase gerutscht, weil es ihr den Boden unter den Füßen weggezogen hat. Sie sagte zu mir: »Ich war vorher noch nie in so einer Einrichtung wie hier«, als müsse sie sich dafür entschuldigen, dass sie jetzt amtlich »einen anner Klatsche« hat. Svenja hingegen hatte schon seit ihrer Kindheit Depressionen.

Im Gespräch mit den beiden habe ich viel gelernt. Beispielsweise über eins der hartnäckigsten Vorurteile: Menschen mit Depressionen sind immer nur traurig. An diesem Vorurteil ist tatsächlich sehr wenig dran. Starke Traurigkeit ist eine der Ausprägungen, aber gar nicht mal die häufigste. Svenja erzählte, dass sie sich freute, als sie sich mal wieder richtig traurig fühlte, denn wie die meisten Menschen mit Depressionen hatte auch sie Schwierigkeiten, überhaupt noch verschiedene Emotionen zu empfinden. Viele beschreiben eine innere Leere, erleben sich hoffnungs- und hilflos, haben Angst und sind manchmal verzweifelt, weil sie keine Perspektive sehen und sich nicht vorstellen können, dass sich ihr Zustand wieder ändert. Zudem haben sie Konzentrations- und Entscheidungsschwierigkeiten, Schuldgefühle und grübeln ständig über immer die gleichen Dinge nach. Sie fühlen sich wertlos und überfordert, verlieren die Lust auf Sex, haben Schlafstörungen, weniger oder mehr Appetit, Kopfschmerzen, Rückenschmerzen, Magen-/Darmbeschwerden und oft noch weitere körperliche Symptome.

Außerdem geht eine Depression häufig mit Interessenverlust einher, das heißt: Alles, was den Betroffenen vorher Spaß gemacht hat, ist ihnen dann gleichgültig, sie können sich während einer Depression einfach nicht mehr dafür begeistern. Das gilt sogar für soziale Kontakte: Erkrankte ziehen sich oft zurück und sind nicht mehr in der Lage, sich für Freunde und Familie zu interessieren. Das bedeutet nicht, dass sie ihnen auf einmal egal geworden sind, sondern, dass die Krankheit so sehr im Vordergrund steht, dass sie sich auf nichts anderes mehr einlassen können. Bei manchen Menschen sind die Depressionen sogar so stark, dass sie keinen anderen Ausweg sehen, als sich das Leben zu nehmen. Womöglich hast du auch schon mal in einem Zug gesessen, der plötzlich wegen eines »Personenschadens« für längere Zeit gehalten hat, und du warst total sauer, wie jemand zum einen dem Lokführer so etwas zumuten kann und zum anderen allen Zuginsassen, die ihre Termine verpassen und dabei auch noch ein ungutes Gefühl wegen des Suizids haben. Selbst wenn diese Art der Selbsttötung besonders hart ist, weil sie noch das Leben anderer Menschen beeinflusst, wird die erkrankte Person das in den seltensten Fällen beabsichtigt oder gar bewusst in Kauf genommen haben. Was für gesunde Menschen kaum vorstellbar ist und auf sie egoistisch wirkt, ist für Menschen mit Suizidgedanken gar kein Thema: Es geht ihnen einzig und allein darum, das eigene Leiden auf eine möglichst zuverlässige und schnelle Art zu beenden. Die Kraft reicht an der Stelle meist nicht mehr aus, sich Gedanken um andere zu machen.

Frauen sind übrigens häufiger von Depressionen betroffen als Männer. Das ist unter anderem auf hormonelle Schwankungen, soziale Faktoren und einen anderen Umgang mit Problemen zurückzuführen, aber auch darauf, dass sie sich eher Hilfe suchen und deswegen in der Statistik eher auftauchen, während die Dunkelziffer bei Männern deutlich höher ist. Für das »starke Geschlecht« ist es oft noch schwieriger, eine Krankheit, die in vielen Köpfen als Schwäche verankert ist, anzuerkennen und sich Hilfe zu holen. Das kann einer der Gründe sein, warum Männer mit Depressionen deutlich häufiger Suizid begehen als Frauen. Jedes Jahr sterben in Deutschland fast 10 000 Menschen durch Selbsttötung. Besonders junge Menschen sind betroffen: Jeden Tag begehen in Deutschland durchschnittlich fünf Menschen unter vierzig Jahren Suizid. Fast alle haben Depressionen oder leiden an einer anderen psychischen Krankheit.

Kann jeder Depressionen bekommen?

Jein. Jeder fünfte Deutsche leidet statistisch gesehen einmal in seinem Leben an einer Depression. Dass vier Millionen Menschen in Deutschland betroffen sind (und Depressionen damit neben Herzinfarkten und Krebs zu den häufigsten Erkrankungen gehören), zeigt, wie weit verbreitet diese Krankheit ist. Einmalig beziehungsweise in einer Ausnahmesituation in eine depressive Verstimmung zu rutschen, das kann jedem Menschen passieren. Die Ursachen können besonders belastende Umstände wie der Tod eines Angehörigen sein, außergewöhnlich hoher Stress, ein traumatisches Erlebnis wie ein Unfall oder Mobbing, eine schwere körperliche Krankheit oder soziale Faktoren wie Einsamkeit.

Es gibt aber auch Menschen, die grundsätzlich zu Depressionen neigen. Das heißt, sie haben öfter depressive Phasen, manche sogar nahezu dauerhaft, auch wenn es selbst bei diesen Betroffenen bessere und schlechtere Tage gibt. Wieso manche Menschen zu

Depressionen neigen und andere nicht, ist bisher nicht eindeutig geklärt. In der Regel spielen verschiedene Faktoren eine Rolle. Das können genetische Veranlagungen sein oder ein neurochemisches Ungleichgewicht, aber auch die jeweilige Persönlichkeit. So sind beispielweise besonders empfindsame Menschen öfter betroffen, außerdem solche mit einem geringen Selbstwertgefühl, mit schwierigen Beziehungen oder Menschen, deren Familienmitglieder bereits an Depressionen erkrankt sind, denen schon andere psychische Störungen diagnostiziert wurden oder die alkohol- beziehungsweise drogenabhängig sind.

Kann aus jedem Stimmungstief eine Depression werden?

Stimmungstiefs kennt jeder. Man fühlt sich eine Zeit lang sehr gestresst, mies gelaunt oder traurig. Meist geht das aber vorbei, wenn der Auslöser verschwunden ist, also wenn es bei der Arbeit zum Beispiel wieder ruhiger wird, die Trauer über den Verlust eines geliebten Menschen langsam erträglicher wird oder man einen langen Streit beigelegt hat. Im Unterschied dazu ist es während einer Depression sehr schwierig bis unmöglich, das alltägliche Leben zu gestalten. Gedanken, Gefühle, Verhalten und auch körperliche Vorgänge sind stark verändert. Und mehrere der oben beschriebenen Symptome wie Interessensverlust oder innere Leere halten ohne Unterbrechung für mindestens zwei Wochen an (zumindest bei der am weitesten verbreiteten Form von Depressionen). Darüber hinaus verschwindet eine Depression nicht einfach wieder. Daher ist es übrigens auch sinnlos, einem Menschen mit Depression zu sagen, er solle sich »einfach mal zusammenreißen«. Das können die Betroffenen nicht. Ohne eine Therapie und gegebenenfalls auch Medikamente können sie in aller Regel nicht geheilt werden. Eine Depression kann Wochen oder Monate andauern, bei besonders schweren Verläufen sogar Jahre. Grundsätzlich gilt wie bei rein körperlichen Leiden: Je früher und besser die Erkrankung behandelt wird, desto schneller kann sie überwunden werden beziehungsweise haben Betroffene überhaupt die Chance darauf, sie hinter sich zu lassen.

Kann reden helfen?

Eine Depression kann mit und ohne Medikamente behandelt werden. In der Regel beginnt man ohne sie und versucht es zunnächst mit einer Therapie. Hier gibt es zahlreiche Ansätze: Verhaltenstherapie, Psychoanalyse, Gruppentherapien, Kreativtherapien wie Kunst-, Musik- oder Tanztherapie. Bei Verhaltenstherapien und Psychoanalyse wird viel über die Probleme der Betroffenen gesprochen – im Einzelgespräch mit einem Therapeuten. Hilft reden? Hanna hat es auf jeden Fall sehr geholfen, auch wenn sie sich das vorher nicht vorstellen konnte. Schließlich ist sie ja nicht auf den Kopf gefallen und dachte immer, dass sie auf Problemlösungen schon selbst kommen würde. Warum sollte ein fremder Mensch schlauer sein als sie? Aber ihr Therapeut hat Hannas Probleme gar nicht für sie gelöst, sondern ihr geholfen, selbst wieder klarer zu sehen. Er hat sie hinterfragen lassen, warum sie unbedingt perfekt sein will und welche Strategien sie entwickelt hat, damit sie möglichst selten das Gefühl empfindet, vor dem sie sich so fürchtet: nicht zu genügen.

Bestimmt kennst du das auch, wenn man sich etwas »von der Seele redet« und es einem schon besser geht, wenn man einem Freund von einem Problem erzählt. Bei einer Therapie geht es zusätzlich zum »Von-der-Seele-reden« aber vor allem darum, Verhaltensmuster zu erkennen, die durch bestimmte Erfahrungen und die eigene Persönlichkeit bedingt sind. Diese Muster waren in der Vergangenheit, häufig in der Kindheit, eine Art Schutzmechanismus. Zum Beispiel, wenn Menschen aufgrund von Verlustängsten eine Mauer um sich herum aufgebaut haben. Irgendwann sperren sie aber durch diesen Schutz nicht mehr den Schmerz aus, sondern sich selbst in die Mauern ein. Daher ist es wichtig zu lernen, wie man sein Verhalten ändern kann, damit es einem besser geht. Diese intensive Auseinandersetzung mit sich selbst und den eigenen Mechanismen funktioniert in aller Regel nur mit einem Profi als Gegenüber und gelingt nicht allein. Reden hilft also wirklich – denn genauso wie sich ein Patient mit offenem Bruch nicht selbst operieren kann, ist einem Menschen mit Depressionen nicht immer gleich klar, woher seine Probleme kommen und was er dagegen tun kann.

Besonders Gruppentherapien oder Selbsthilfegruppen (die oft ähnlich funktionieren, aber nicht zwangsläufig von einem Psychologen angeleitet werden) sind in unserer Gesellschaft verpönt. Auf ihnen lastet das Stigma: »Ich geh doch nicht dahin, damit man sich gegenseitig etwas vorheulen kann.« Dass dieses »gegenseitige Vorheulen« viel bringen kann, hat mir wiederum Hanna erzählt. Sie hat in der Klinik das volle Therapieprogramm bekommen und dazu gehörte auch die Gruppentherapie. Sie sagte, dass es ihr gutgetan habe, festzustellen, dass sie nicht allein ist mit ihrem Burn-out. Anfangs fühlte sie sich, als wäre sie die einzige Idiotin, der ihr Leben aus dem Ruder gelaufen ist – natürlich selbstverschuldet. Was Hanna bei sich selbst nicht sehen konnte, war für sie am Beispiel anderer viel leichter sichtbar. Ihr Psychologe konnte ihr noch so oft sagen, dass ihre Erschöpfung kein Versagen bedeutet, aber viel mehr bewirkte, dass es anderen genauso ging wie ihr. Das ist ein bisschen so, wie es viele schwierig finden, mit einem katholischen Priester über die Ehe zu sprechen oder mit einer kinderlosen Hebamme über die Geburt – Tipps kann man leichter von Personen annehmen, die selbst betroffen sind.

Am verpöntesten sind aber vermutlich kreative Ansätze wie Tanz-, Kunst- oder Musiktherapie. Gerade wer im Alltag wenig Bezug zu Kunst hat, kann sich nur schwer vorstellen, wie ein gemaltes Bild, Tanz oder Musik einem Menschen bei seinem psychischen Leiden helfen können. Doch Betroffene merken oft, dass ihnen Kreativtherapien einen ganz anderen Zugang zu Problemen ermöglichen: Viele Menschen verdrängen ihre Gefühle und schließen sie tief in sich ein. Kreativtherapien können diese verborgenen Empfindungen wieder hervorholen, denn Bilder, Farben oder Musik wecken oft ungeahnte Emotionen. Dadurch merken manche Betroffenen: Genau so habe ich mich schon einmal in einer früheren Situation gefühlt. Oder: Vielleicht war ich früher gar nicht nur enttäuscht, sondern auch wütend oder ich habe mich geschämt. Zusätzlich geht es zum Beispiel bei der Tanztherapie darum, dass sich Menschen wieder selbst spüren und auch in Kontakt mit anderen treten können. Viele haben den Bezug zu sich und ihrem eigenen Körper verloren und es fällt ihnen schwer, auf andere zuzugehen. Bei Musik- und Kunsttherapie geht es zudem darum, sich einfach etwas zu trauen: nicht perfekt und angepasst sein zu müssen, sondern zum Beispiel laut auf die Trommel zu hauen oder wilde Pinselstriche über ein Blatt zu ziehen.

Werden Patienten mit Psychopharmaka einfach ruhiggestellt?

Meist als letztes Mittel und in der Regel in Kombination mit mindestens einer der gerade genannten Therapieformen werden bei Depressionen Antidepressiva verschrieben, die zur Gruppe der Psychopharmaka gehören. Aber müssen Medikamente sein? Gegenüber Psychopharmaka gibt es starke Vorurteile. Auch ich kannte früher nur die Geschichten darüber, was mit der Dosierung alles schiefgehen kann, wie schnell sie abhängig machen würden und dass Ärzte ihre Patienten damit bloß ruhigstellen. Wie in allen Berufsgruppen gibt es sicher auch Pfuscher unter den Psychiatern. Im Gegensatz zu Psychotherapeuten, die Psychologie studieren, sind Psychiater übrigens Ärzte, die sich auf die Psyche des Menschen spezialisiert haben. Nur Psychiater sind berechtigt, Patienten Medikamente wie Psychopharmaka zu verschreiben – so schnell wird also niemand »mal eben« damit ruhiggestellt. Ein guter beziehungsweise selbst ein »normaler« Psychiater würde jedoch nie ohne sorgfältiges Abwägen und über den Kopf des Patienten hinweg Psychopharmaka verschreiben. Es mag Ausnahmesituationen in geschlossenen Kliniken geben, in denen Psychiater für das Wohl des Patienten entscheiden müssen, wenn dieser zum Beispiel sein eigenes Leben oder das des Personals gefährdet. Aber bei einer Depression wird in aller Regel mit den Patienten gemeinsam überlegt, ob eine medikamentöse Therapie zusätzlich zu anderen Therapieformen Sinn ergibt.

Ein befreundeter Psychologe, der zwar nichts verschreiben darf, aber sich grundsätzlich mit der Thematik auskennt, hat mir einmal erklärt, wann Medikamente sinnvoll sein können. Er nannte mir das Beispiel von einem Patienten, der eine Woche lang nicht mehr geschlafen hatte, weil seine Depression so stark war, dass er nachts wach lag und grübelte. Er stand völlig neben sich, war hundemüde, fand aber einfach nicht in den Schlaf, weil er sich innerlich getrieben fühlte. Er war lange über die Phase hinaus, in der heiße Milch mit Honig oder Baldriantropfen gewirkt hätten. Damit sich sein Körper endlich wieder erholen konnte, verschrieb ihm ein Psychiater zunächst Schlaftabletten. Da diese aber nach kurzer Zeit abhängig machen, war danach ein Psychopharmakon mit beruhigender Wirkung die bessere Option.

Eine andere Situation, in der Medikamente helfen können, dass die Psyche zur Ruhe kommt, sind Angstzustände. Je weiter sich Patienten in ihre Angst hineinsteigern, desto schwieriger wird es, sich irgendwann wieder davon zu befreien. Ein Psychopharmakon hilft dann, den Geist einmal auszuschalten und aus der Angst auszusteigen.

Viele Psychopharmaka können starke Nebenwirkungen auslösen. Aber so wie ein Chirurg zwischen Operation oder konservativer Behandlung abwägen muss, steht ein Psychiater vor der Entscheidung, ob anhaltende psychische und körperliche Symptome schlimmer sind als das Risiko von Nebenwirkungen.

Kann man Depressionen überhaupt heilen?

Das kommt darauf an. Es gibt Menschen, die ihr Leben lang unter Depressionen leiden. Das ist zum Beispiel bei sogenannten manischen Depressionen so. Aber selbst da sind die Betroffenen nicht ständig depressiv und »schlecht gelaunt«. Im Gegenteil: Bei manischen Depressionen wechselt sich ein Gefühl der absoluten Hochstimmung mit Stimmungstiefs ab. Diese wechselnden Stimmungen können durch Therapien in ihrer Heftigkeit abgeschwächt werden und ermöglichen Betroffenen so, überhaupt wieder einen Alltag leben zu können. Ganz ohne Einschränkungen geht es für sie aber oft ein Leben lang nicht.

Im Gegensatz dazu werden viele Menschen mit depressiven Verstimmungen danach wieder ganz gesund. Auch bei »geheilten« Menschen kann es vorkommen, dass sie später in ihrem Leben noch einmal eine Depression bekommen. Das heißt aber nicht, dass sie dauerhaft krank sind. Das finde ich mit das Schwierigste an diesem Krankheitsbild beziehungsweise dem Bild dieser Krankheit in unserer Gesellschaft: Menschen mit Depressionen werden oft grundsätzlich als psychisch labil betrachtet. Gerade bei jenen, die einmalig eine depressive Phase durchleben, sagt das nichts darüber aus, wie belastbar sie in anderen Zeiten ihres Lebens sind. Das sieht man auch an Hanna: Sie hat nach ihrem Klinikaufenthalt oft erlebt, dass ihre Familie oder auch ihre Kollegen sie »in Watte gepackt« haben und meinten, man könne ihr nicht mehr so viel zumuten. Selbst wenn das meist nett gemeint war, empfand Hanna das »nichts mehr zumuten« oft wie »nichts mehr zutrauen«, und das hat sie verletzt. Sie hat gelernt, ihr Leben zu ändern – und das ist vermutlich ein lebenslanger Prozess. Aber nur, weil sie zudem gelernt hat, auch mal Nein zu sagen, heißt das nicht, dass sie nicht mehr belastbar ist. Es heißt nur, dass sie sich selbst wieder wertschätzt.

Psychisch erkrankte Menschen sind also nicht »bekloppt«, sondern sie sind vor allem eins: erkrankt. Die wenigsten sind so »anders«, dass man sie als »gestört« bezeichnen würde. Von dem eingangs erwähnten Drittel aller Deutschen, die jährlich an einer psychischen Erkrankung leiden, sind Angststörungen, Depressionen und Alkohol- sowie Medikamentenabhängigkeit mit Abstand am häufigsten. Weniger als drei Prozent aller Erkrankten haben eine bipolare Störung – und das ist die häufigste der schwerwiegenden psychischen Krankheiten.

Fakt ist: Psychische Erkrankungen sollten kein Tabuthema sein. Es wäre schön, wenn man beispielsweise beim Arbeiten einfach sagen könnte: »Ich muss los, ich habe einen Therapietermin« – vom Zahnarztbesuch erzählen wir schließlich auch. Oder bei Freunden und Familie sagen: »Mir geht es im Moment nicht so gut, mir machen Depressionen zu schaffen« – es fällt uns ja auch nicht schwer, von unseren Rückenschmerzen zu erzählen. Es ist in den letzten Jahren etwas leichter geworden, über Dinge wie Depressionen und Überlastungen bis hin zum Burn-out zu sprechen. Das hat zum einen etwas damit zu tun, dass immer mehr Menschen eine hohe Belastung zum Beispiel durch Arbeit nachvollziehen können oder spätestens durch die Corona-Pandemie in ganz neuer Weise mit Ängsten und psychischen Belastungen konfrontiert worden sind. Zum anderen haben die Selbsttötungen von bekannten Persönlichkeiten wie dem Fußballspieler Robert Enke das Tabuthema auf die Nachrichtenagenda gebracht. Dennoch sind wir von einem offenen Umgang mit psychischen

Erkrankungen weit entfernt. Das gilt insbesondere für schwere psychische Erkrankungen: Auch sie sollten thematisierbar sein, ohne den Betroffenen einen Stempel aufzudrücken. Menschen mit Borderline-Persönlichkeitsstörungen haben nicht einfach »einen an der Waffel«, sondern ihre psychische Beeinträchtigung ist ein Teil von ihnen, der sie einschränkt und den Umgang mit anderen oft erschwert. Aber das heißt nicht, dass der andere Teil ihrer Persönlichkeit nicht liebenswert ist und man sie nicht akzeptieren könnte, wie sie sind.

Über das Thema zu reden, erspart also nicht nur viel Leid, sondern rettet sogar zahlreiche Menschenleben, wenn sich Betroffene leichter Hilfe suchen können, weil die Hürde beziehungsweise die Scham nicht so groß ist. Da sind die USA ein Vorbild: Dort ist es ganz normal, dass Menschen neben ihrem Hausarzt auch einen Psychologen haben. Mal wird der Körper krank, mal die Psyche, und meist hängt beides irgendwie miteinander zusammen. Was davon jetzt wie und von wem geheilt wird, ist eigentlich egal: Hauptsache, die Betroffenen bekommen Unterstützung.

8. Kapitel

Die Dicken

Oder: Warum es saublöd ist, andere »fette Sau« zu nennen

Stell dir einmal folgende Situation vor: Du gehst zu einer beliebten Fastfoodkette (Ich weiß, das machst du eigentlich nie oder nur ganz, ganz selten ...). Vor dir steht eine Frau, und zwar eine richtig dicke. Was denkst du? »Kein Wunder, dass die so dick ist, wenn sie ständig Fastfood isst«? Genau das habe ich einmal gedacht. Und mich direkt danach furchtbar für diesen Gedanken geschämt. Was weiß denn ich, ob diese Frau vielleicht gerade zwanzig Kilo abgenommen hat (auch wenn sie dann immer noch wirklich dick ist) und sich ausnahmsweise etwas gönnen möchte? Oder ob sie einen Salat bestellen möchte (eher unwahrscheinlich, aber möglich)? Meinem intuitiven Gedanken habe ich offenbar ganz automatisch eine klare Logik zugrunde gelegt: dicke Frau = isst immer nur Fastfood = selbst schuld, dass sie so aussieht.

Aber ist sie das? In meinem Bekanntenkreis sind einige stark übergewichtige Menschen, und ich habe mich einmal während einer Recherche ausführlich mit dem Thema Übergewicht beschäftigt. Dabei habe ich festgestellt: Die Ursachen für starkes Übergewicht sind sehr unterschiedlich. Lass mich eins vorwegnehmen: »Selbst schuld« war eher selten dabei. Die meisten Ursachen lassen sich aus meiner Sicht in drei Kategorien einordnen.

1. Es fehlt an Bildung, Geld oder Zeit für eine gesündere Lebensweise

Zu dieser Kategorie gehören Menschen wie Celina. Sie ist sechzehn Jahre alt, ein Meter siebzig groß und wiegt neunzig Kilo. Sie bemüht sich gerade um ihren Hauptschulabschluss, denn sie träumt von einer Ausbildung als Make-up-Artist. Celina weiß, dass sie zu viele Kilos mit sich rumschleppt, aber sie weiß nicht, wie sie das auf Dauer ändern kann.

Celinas Mutter Jennifer hat es nicht leicht: Sie zieht ihre fünf Kinder allein groß und hat drei Jobs, um die Familie über Wasser zu halten. Sie möchte, dass es ihren Kindern mal besser geht als ihr, aber das Geld reicht trotzdem nie, also muss sie sparen. Das fängt bei der Babynahrung an: Sie kauft das günstigste Milchpulver und die günstigsten Breigläschen. Im Vergleich zu Onkel Hipp und Tante Alete ist in diesen Produkten oft Zucker verarbeitet. Genau wie im Toast, den die Kinder mit den ersten Zähnchen bekommen, weil sie den so gut kauen können. Aber es ist eben günstig und die Kinder finden es auch leckerer als Vollkornbrot.

Diese ungesunde Ernährung zieht sich durch, bis die Kinder Teenager sind. Denn weil das nun mal das Lieblingsessen ihrer Kids ist, kocht Jennifer regelmäßig nach dem Hausrezept ihrer Mutter Spaghetti Bolognese (Hackfleisch, Zwiebeln, Ketchup und eine Packung Tütenbolognese), sprich: Zucker, Fett und Geschmacksverstärker. Wenn die Kinder woanders mal eine »richtige« Bolognese bekommen, schmeckt sie ihnen nicht, weil sie von Haus aus zu sehr an süß, fettig und salzig gewöhnt sind. Und weil Jennifer morgens zu ihrem ersten Job muss und keine Zeit hat, den Kindern Brote zu schmieren, bekommen sie Milchschnitte, BiFi oder manchmal auch Chips mit in die Schule. Jennifer selbst ernährt sich überwiegend von Schokolade. Denn zwischen ihren Jobs braucht sie etwas, was sich mal schnell eben in den Mund schieben lässt und dann wieder für eine Zeit lang satt macht.

Nach der Schule, wenn Jennifer bei Job Nummer zwei ist, kümmert sich ihre älteste Tochter Celina so gut es geht um die vier jüngeren Geschwister. Am leichtesten sind sie dann zufriedenzustellen, wenn sie Fernsehen dürfen oder Playstation spielen. Das heißt: schlechte Ernährung und kaum Bewegung. Es liegt auf der Hand, dass so nicht Heidi Klums Körper entstanden ist.

Celina und ihre Familie sind nur ein Beispiel. Zu wenig Geld und wenig Bildung gehen nicht immer, aber oft einher. Studien zeigen, dass der Anteil Übergewichtiger sinkt, je höher der Bildungsabschluss ist. Sich gesund und gleichzeitig schnell und bezahlbar zu ernähren, das muss man gelernt haben. Es stellt sich also die Frage, ob Jennifer und ihre Kinder selbst schuld sind, dass sie es eben nicht gelernt haben.

Hinzu kommt, dass auch das Bildungssystem in puncto Ernährung und Bewegung häufig versagt. In Schulen fällt teilweise ein Jahr der Sportunterricht aus, Schwimmunterricht ist inzwischen eine Seltenheit. Es wird nach wie vor an manchen Grundschulen Schoko- und Vanillemilch verteilt (»weil man das schon immer so gemacht hat«), Kinder können am Schulkiosk Cola kaufen, und wenn es eine Schulkantine gibt, dann wird dort meist weder gesund noch frisch gekocht. Zustände, die besonders den Kindern zum Verhängnis werden können, bei denen auch zu Hause zu wenig auf gesunde Ernährung und Bewegung geachtet wird.

Abgesehen vom Geld kennst du das Argument »zu wenig Zeit« wahrscheinlich auch, oder? Sicher ist es dir auch schon passiert, dass der Griff in den Süßigkeitenschrank irgendwie schneller ging als sich eine Ananas kleinzuschneiden oder den Chia-Aronia-Müsliriegel selbst zu backen. Oder dass der gekaufte Smoothie (der bei Weitem nicht so gesund ist, wie die Werbung verspricht) häufiger im Magen landet als der, den du dir frisch zubereitest. Wenn du selbst sehr viel arbeitest und vielleicht auch noch Kinder hast, kennst du wahrscheinlich diese Tage, an denen zum Essen – vom gesunden Essen ganz zu schweigen – überhaupt keine Zeit geblieben ist. Wenn du Glück hast, ist das bei dir die Ausnahme und du futterst dir dadurch keinen dauerhaften Hüftspeck an. Wenn das Übergewicht aber einmal da ist, klappt es in stressigen Zeiten meist nicht, abzunehmen beziehungsweise sein Leben durch mehr Sport und eine Ernährungsumstellung zu ändern. Denn diese Energie aufzubringen, ist in stressigen Zeiten nicht nur herausfordernd, sondern realistisch gesehen unmöglich.

2. Das Übergewicht hat eine körperliche oder gesundheitliche Ursache

Zu dieser Kategorie gehören Menschen wie Karl – eigentlich ein sportlicher junger Mann. Schon in seiner Jugend ist er der beste Langstreckenläufer seiner Klasse, mit siebzehn Jahren bestreitet er den ersten Marathon. Seine Leidenschaft für diesen Sport bleibt ihm auch zehn Jahre später erhalten, obwohl er als aufsteigender Banker mit Frau und Baby nicht mehr so viel Zeit für große Joggingrunden hat. Seine Beschwerden beginnen schleichend: Er ist ständig müde, hat Kopfschmerzen und wird immer dicker. Zunächst denkt er, es liege einfach an zu viel Arbeit, zu wenig Schlaf und weniger Möglichkeiten zum Trainieren. Als sein athletischer Körper an der Grenze zum Übergewicht angekommen ist, geht er zum Arzt. Der weiß allerdings auch nicht weiter. Als Karl nach einer Schilddrüsenunterfunktion fragt (das hat er mal gegoogelt), winkt der Arzt ab; die komme schließlich überwiegend bei Frauen vor. Also zweifelt Karl immer mehr an sich, steht vor der stressigen Arbeit auf, um wieder mehr zu trainieren. Doch trotz aller Bemühungen wird er immer dicker. Als er schließlich einhundertzwanzig Kilo wiegt, fasst er sich ein Herz und geht zu einem weiteren Arzt. Der ist aufmerksamer als der erste und untersucht ihn gründlich. Und tatsächlich: Karl leidet an Hashimoto-Thyreoiditis, einer Autoimmunerkrankung, bei der aus ungeklärter Ursache Abwehrstoffe gegen die eigene Schilddrüse gebildet werden und die eine chronische Entzündung der Schilddrüse verursacht. Diese Krankheit kann Karl zwar nie wieder loswerden, aber zum Glück gibt es dagegen zumindest Medikamente. Dank dieser stabilisiert sich sein Gewicht nach einiger Zeit endlich wieder. Er wird aber nie die Blicke seiner Frau, seiner Familie und seiner Kollegen vergessen – die Blicke, die ihm gesagt haben: Was ist aus dem sportlichen Karl geworden? Wie konnte er sich nur so gehenlassen?

Neben Menschen wie Karl und solchen, die aus anderen körperlichen Ursachen übermäßig zunehmen (zum Beispiel begünstigen bestimmte Medikamente wie Kortison eine starke Gewichtszunahme), gibt es auch eine genetische Veranlagung, wie unser Körper Essen verstoffwechselt. Argumente wie »das ist genetisch bedingt« belächeln dünnere Menschen meist nur. Das gibt es aber tatsächlich, und es ist eine natürliche Eigenheit unseres Körpers, wie er Nahrung umwandelt und Fett einlagert. Studien mit adoptierten Jugendlichen haben beispielsweise ergeben, dass ihre Proportionen deutlich enger mit denen ihrer leiblichen Eltern verknüpft sind als mit denen ihrer Adoptiveltern. Darüber hinaus können unsere Gene vermutlich dafür verantwortlich sein, ob wir ein normales oder übermäßiges Hungergefühl haben.

Für die unterschiedlichen körperlichen Voraussetzungen ist auch die Familie meiner Mutter ein eindeutiges Beispiel. Meine Mutter hat neun Geschwister, davon kommt die eine Hälfte nach meinem Opa: Groß und sehr schlank. Die andere Hälfte hatte ihr Leben lang mit Gewichtsproblemen zu kämpfen genauso wie meine Oma. Da alle unter den gleichen Bedingungen aufgewachsen sind, kann an der »Selbst-Schuld-Theorie« nicht viel dran sein. Trotzdem gibt es bei den fülligeren der Geschwister Unterschiede. Einige haben den Kampf gegen die Kilos aufgegeben, sind stark übergewichtig und schlagen sich mit körperlichen Problemen wie Diabetes oder Knie- und Rückenproblemen herum. Die anderen haben eine normale Figur, sind aber quasi lebenslängliche Weight-Watchers-Kunden und quälen sich ständig, um das Gewicht zu halten. Ihnen fehlt gesundheitlich nichts, dafür aber an Lebensqualität, weil ihnen Essen eher ein schlechtes Gewissen als Genuss bereitet.

3. Durch Essen werden negative Gefühle wie Kummer oder Stress kompensiert

Zu Menschen, die in diese Kategorie fallen, sagt man auch »Frustesser«, und aus meiner Sicht zählt ein großer Teil der Übergewichtigen (auch) zu dieser Gruppe. So wie Anna, ein zunächst schlankes, bildhübsches Kind. Als sie acht Jahre alt wird, erkrankt ihre Mutter an Krebs. Die folgenden Jahre ihres Lebens sind geprägt von Krankenhausbesuchen, häufig wechselnden Pflegern zu Hause, Hoffnung und Angst. Das ständige Gefühlschaos und die Unsicherheit machen etwas mit dem kleinen Mädchen: Es zieht sich ganz in sich zurück. Als Anna elf Jahre ist, verliert ihre Mutter den Kampf gegen den Krebs – und Annas Kampf mit sich selbst beginnt. Sie ist so traurig, dass sie nichts trösten kann. Nur Schokolade lenkt sie für einen kleinen Moment ab. Ihre Großeltern – froh, Anna überhaupt wieder einmal lächeln zu sehen – stecken ihr gerne etwas Süßes zu. Annas Vater ist mit seiner eigenen Trauer beschäftigt und überfordert damit, plötzlich Alleinerziehender einer Elfjährigen zu sein. Er merkt erst spät, dass Annas Gewichtszunahme kein normaler pubertärer Wandel ist. Als ihm das bewusst wird, verbietet er ihr jegliche Süßigkeiten. Was denkst du, wie gut es funktioniert, einer Elfjährigen Süßigkeiten zu verbieten? Anna hortet danach heimlich ein ganzes Arsenal an Leckereien. Bei Kindergeburtstagen lässt sie Schokoriegel in ihrer Tasche verschwinden und mit Omas Taschengeld wird sie zur Stammkundin am Kiosk um die Ecke. Ihren Vorrat versteckt sie im Toilettenkasten, unter ihren Unterhosen oder in ihrem »Top-Secret«-Kästchen.

Natürlich bleibt Annas wachsendes Gewicht auch in der Schule nicht unentdeckt. Von den anderen Kindern wird die »dicke Kuh« beim Völkerball als Erste gejagt und geräuschvoll die Nase hochgezogen, wenn sie vorbeiläuft. Eines Tages sagt eins der Kinder zu ihr: »Kein Wunder, dass dein Vater keine Zeit für dich hat, mit so einem schwabbeligen Monster würde ich auch keine Zeit verbringen wollen.« Die mittlerweile fünfzehnjährige Anna ist am Ende ihrer Kräfte. Zu Hause stopft sie Essen in sich hinein, bis sie kurz das Gefühl von Erleichterung spürt und schließlich überhaupt nichts mehr wahrnimmt. Nach sieben Schokoriegeln, zwei Tüten Chips, zwei Flaschen Cola und einer Packung Gummibärchen fühlt sie absolute Leere. Ein dankbarer Zustand im Vergleich zu ihrem Kummer. Aber dann folgt das schlechte Gewissen. Sie weiß genau, dass sie viel zu viel gegessen hat, ihr wird übel. Aber jetzt ist es zu spät.

Anna schafft es irgendwie, die Schulzeit hinter sich zu bringen, macht sogar ein gutes Abitur. Da sie ein kreativer und kluger Kopf ist, studiert sie Architektur. Über Kontakte ihres Vaters bekommt sie einen guten Job in einem Architekturbüro. Aber das auch erst nach zahlreichen erfolglosen Bewerbungen, denn wer stellt schon eine übergewichtige Frau ein, wenn auch schlanke Mitbewerberinnen zur Auswahl stehen – man muss schließlich repräsentativ aussehen, um Kunden zu gewinnen. Ihr Leben bekommt Anna mittlerweile gut auf die Reihe, nur die Art, wie sie Probleme löst, ist gleich geblieben. Wenn sie eine stressige Abgabe hat, wenn die Kollegen sie triezen oder wenn ihr Date gescheitert ist, greift sie zum Seelentröster Essen. Sport hat Anna das letzte Mal mit zwölf Jahren gemacht. Als Kind ist sie leidenschaftlich gerne geritten, aber irgendwann kam sie immer schlechter aufs Pferd und schließlich war sie zu schwer für die Tiere.

Neben Menschen wie Anna gibt es häufig Leute wie Lucas: sehr laut, ein Partygarant, strotzt nur so vor Selbstvertrauen. Ein lustiger Typ, mit dem seine vielen Freunde gerne Zeit verbringen. Sie denken: »Der steht einfach zu sich und hat mit seinen vielen Kilos kein Problem.« Schließlich ist sich Lucas nie zu schade, Sprüche über sein Übergewicht zu machen (»Ich bin nicht dick, meine Schönheit braucht nur Platz«). Die wenigsten seiner Freunde merken, dass die Sprüche nur Fassade sind. Hinter dem dauerlustigen, selbstbewussten Lucas stecken viel Unsicherheit und Schamgefühl. Seine Devise: Lieber lache ich über mich selbst, bevor es andere tun.

So wie Anna und Lucas geht es unzähligen Frauen und Männern. Essen ist ihre Lösung – und gleichzeitig das Problem. Auf Dauer negative Emotionen mit Essen zu ersticken, ist krankhaft und nennt sich eine »Binge-Eating-Störung« (übersetzt heißt das englische Wort »binge« Gelage, also im übertragenen Sinn handelt es sich um eine »Essanfallserkrankung«). Die Betroffenen essen bis zum Kontrollverlust. Sie trösten oder belohnen sich mit Essen – nicht nur mit Süßem, sondern auch mit riesigen Portionen Pommes, Tiefkühlpizza oder sonstigen Leckereien – und haben irgendwann gar kein Sättigungsgefühl mehr. Sie fühlen sich schlecht nach dem vielen Essen, manche übergeben sich auch danach.

Das Schlimme an Binge-Eating ist nicht nur, dass das viele Essen dem Körper schadet, sondern dass die Betroffenen ihren Kummer nach außen sichtbar für ihre Mitmenschen mit sich herumtragen. Sie sind dick, und das ist in Deutschland ein Zeichen für Schwäche, Faulheit und Disziplinlosigkeit – auch wenn Menschen wie Anna und Lucas weder schwach noch faul und erst recht nicht disziplinlos sind. Jeder geht auf seine Weise mit Stress um. Zigaretten, Alkohol, Drogen, Fernsehen, Sport, Zocken – das alles können Süchte sein wie die Sucht nach Essen. Sie sind nach außen allerdings leichter zu kaschieren.

Ich glaube, dass man Frustesser als Außenstehender recht gut erkennen kann. Entgegen der weitläufigen Meinung, dicke Menschen würden sich einfach gehen lassen, achten Frustesser nämlich sehr auf ihr Äußeres. Sie sind gepflegt, suchen ihre Kleidung so aus, dass sie ihrem Körpergewicht angemessen ist, und sind gut gestylt, Männer wie Frauen. Jemand, der stark übergewichtig ist und viel Wert auf sein Äußeres legt, ist vermutlich nur selten so dick, weil ihm das am besten gefällt. Wille und Disziplin allein reichen allerdings für eine Veränderung nicht aus, denn das Problem liegt hier tiefer, in der Psyche begründet: Mit dem Essen wird ein Mangel kompensiert. Dahinter stecken oft Mechanismen, die viele schon als Kind gelernt haben. Daher kann man sie nicht »einfach so« mal abstellen. Viele haben schon zahlreiche Diäten getestet und sind immer wieder rückfällig geworden – weil sich bei der Esssucht der Kopf ausschaltet und der körperliche Automatismus übernimmt.

Drei Gruppen, eine Gemeinsamkeit: Dicke Menschen werden zur Zielscheibe

Natürlich gibt es in diesen drei Kategorien von Gründen für Übergewicht Überschneidungen. Zum Beispiel fühlt sich Celinas Mutter Jennifer nach ihren drei Jobs abends auf der Couch unheimlich allein und sie merkt, dass ihr Leben überhaupt nicht so läuft, wie sie sich das vorgestellt hat. Nur noch das Essen spendet ihr dann ein bisschen Trost.

Selbstverständlich gibt es auch Menschen, die sich »einfach gehen lassen«, weil ihnen das Bewusstsein für ihren Körper fehlt oder ihnen das Aussehen schlicht und ergreifend nicht so wichtig ist. Da lassen sich aus meiner Sicht auch Unterschiede zwischen Frauen und Männern feststellen. Während von Frauen – auch höheren Alters – irgendwie erwartet wird, dass sie dem Ruf des »schönen Geschlechts« alle Ehre machen, ist es bei Männern bei

Weitem nicht so verpönt, wenn sie irgendwann ein Bierbäuchlein haben. Grundsätzlich finden sich von den stark übergewichtigen Menschen aber nur wenige richtig gut so, wie sie sind. Mit zu vielen Kilos meine ich übrigens keinen »Jennifer-Lopez-Hintern« oder ein bisschen Weihnachtsplätzchenspeck, sondern medizinisch klar durch den Body-Maß-Index (BMI) definiertes Übergewicht. Das beginnt bei einem BMI über 25, starkes Übergewicht (im Medizinerdeutsch »Adipositas«) bei einem BMI über 30. Stark übergewichtig ist danach zum Beispiel eine Frau, die wie Celina ein Meter siebzig groß ist und über neunzig Kilo wiegt. Oder ein Mann, der ein Meter achtzig groß ist und über einhundert Kilo wiegt – zumindest sofern es sich bei den einhundert Kilo vermehrt um Fett und nicht um Muskeln handelt. Und das sind in Deutschland sehr viele: Laut Statistischem Bundesamt waren im Jahr 2017 etwas mehr als die Hälfte aller Erwachsenen übergewichtig. Dabei galt etwa jede siebte Frau und fast jeder fünfte bis sechste Mann als fettleibig, also stark übergewichtig.

Aus welchem Grund auch immer jemand übergewichtig ist: Die meisten werden früher oder später zur Zielscheibe, zum Gemeinheiten-Abladeplatz normalgewichtiger Menschen. Ob sie nun etwas ungesundes Essen, körperbetonte Kleidung kaufen oder sogar Sport machen – Übergewichtigen wird nicht im gleichen Maß wie Normalgewichtigen zugestanden, das zu tun, was und wie sie es für richtig halten. Im Gegenteil: Es wird erwartet, dass sie sich sozial erwünscht verhalten, sich also nur gesund ernähren (»Sonst geht das Übergewicht schließlich nicht runter«), nur Kleidung tragen, die ihre Kilos kaschiert (»Gab es das nicht in deren Größe?«) oder nur im verborgenen Sport machen (»Das sieht eklig aus«). Gerade Letzteres hat mich schon mehrmals fassungslos gemacht: Bei Volleyball- und Fußballturnieren, beim Tanzen und im Schwimmbad habe ich erlebt, dass übergewichtigen Menschen nicht etwa Respekt dafür gezollt wird, dass sie etwas für ein gesünderes Leben tun, sondern blöde Sprüche dafür kassieren, dass es angeblich nicht so ästhetisch aussieht, wenn sie sich bewegen.

Dicke Personen haben zudem schlechtere Jobchancen, weil sie von Fremden als weniger intelligent, undiszipliniert und weniger charakterstark eingeschätzt werden. Was eigentlich interessant ist, denn unabhängig vom tatsächlichen Gewicht finden sich gefühlt neunundneunzig Prozent aller Frauen in Deutschland zu dick. Ich selbst habe Normalgewicht und gehöre trotzdem auch ganz automatisch zu der Bauch-einzieh-Fraktion am Strand oder dem »Zieh-ein-Kleid-an-dann-hat-dein-Bauch-Platz-fürs-Buffet«-Lager. Dabei weiß ich, dass Schönheitsideale so wandelbar sind wie Mode. Wäre ich vierhundert Jahre früher im Zeitalter des Barocks geboren worden, wäre jede Frau dankbar gewesen, nicht im Körper eines heutigen Topmodels zu stecken, denn mollig galt damals als sexy. Selbst in unserer Zeit ist speckig noch angesagt – zum Beispiel in der Sumo-Kultur. Wieso sollte ein Mensch mit den gleichen Maßen an einem Ort schön und diszipliniert sein und an einem anderen dick, undiszipliniert und weniger intelligent? Und warum ist es für mich persönlich überhaupt wichtig, wie viele Kilos ein anderer Mensch auf den Rippen hat? Warum ist mir das nicht vollkommen gleichgültig?

Dafür ist zum einen sicher das Schönheitsideal unserer Gesellschaft verantwortlich. Dünnsein wird in den Medien als Schlüssel zum Erfolg verkauft, da dünne Menschen augenscheinlich sportlich und zielstrebig sind. Trotzdem ist es aus meiner Sicht viel zu kurz gedacht, allein den Medien die Schuld daran zu geben, dass viele Leute Vorurteile gegenüber dicken Menschen pflegen. Denn das Dicksein anderer Menschen macht auch etwas mit uns selbst: Warum soll ich mich denn immer abrackern, auf meine Ernährung achten und regelmäßig Sport treiben, wenn andere Leute einfach dick durch die Welt laufen und das so in Ordnung finden? Da ist Abneigung deutlich einfacher, als darüber nachzudenken, dass man vielleicht ein kleines bisschen neidisch ist – nicht auf das Aussehen, aber darauf, dass andere Menschen sich vermeintlich erlauben, faul zu sein und ungeniert essen, wie es ihnen passt – und sich dann auch noch so akzeptieren können.

Wenn ich heute dicke Menschen sehe, bin ich nicht mehr so schnell in meinem Urteil. Manchmal kommt es noch vor, dass ich bei außergewöhnlich dicken Menschen denke: »Heftig, wie konnte es so weit kommen?« Aber das meine ich nicht abwertend, sondern eher mitfühlend: Diese Menschen tragen ganz offensichtlich eine schwere Last mit sich herum.

9. Kapitel

Die Dürren

Oder: Warum es nicht hilft, Magersüchtigen ein Stück Pizza in den Mund zu schieben

Hast du schon mal eine Diät gemacht? Oder ich frag mal anders: Kennst du eine Frau, die noch keine gemacht hat? Ich nicht. Im Prinzip lässt sich der Grundsatz aus dem vorherigen Kapitel, nach dem dicke Menschen faul, undiszipliniert und weniger intelligent sind, auch umkehren: Dünne Menschen gelten als attraktiv und ihnen werden eher Attribute wie fleißig, diszipliniert und schlau zugeschrieben. Warum? Im Fall der Dünnen spielt das heutige Schönheitsideal mit Sicherheit eine große Rolle. Wenn man sich anschaut, wer in sozialen Medien, Fernsehen und der Werbeindustrie Erfolg hat, dann ist ein sehr großer Prozentsatz davon schlank oder gar dünn.

Uns wird also vorgelebt: Wer dünn ist und damit schon mal ein wichtiges Kriterium des »Schönseins« erfüllt, der ist erfolgreich. Das ist zum Beispiel bei Castingshows zu beobachten. Sie sind der Nährboden für unerfüllte Jugendwünsche. Ob es »Germany's Next Topmodel« oder »Deutschland sucht den Superstar« ist: Das Motiv »Ich möchte gesehen werden« oder »Ich möchte allen zeigen, dass ich etwas kann« wird dabei sehr oft von Kandidaten genannt. Im übertragenen Sinn steckt aber oft dahinter: »Ich möchte von außen gesagt bekommen, dass ich gut bin, so wie ich bin, weil ich es von innen nicht fühle.« Viele denken, dass ihnen eine gewisse Berühmtheit dabei hilft, ihren Selbstwert zu steigern.

Um das zu erreichen, müssen sie aber ein Stück weit dem Schönheitsideal entsprechen. Denn selbst wenn in den Castingshows mal jemand weiterkommt, der nicht dem Idealbild entspricht, gewinnen doch meist die, die das »Gesamtpaket« haben, wie Dieter Bohlen so schön sagen würde. Und zum Gesamtpaket gehört, nicht übergewichtig zu sein.

Es ist für junge Menschen kaum noch möglich, sich selbst anzunehmen, wenn sie ein bisschen fülliger sind. Zwar gibt es inzwischen auch Gegenbewegungen zum Schlankheitswahn. So wächst zum Beispiel die Anzahl der erfolgreichen »Curvy Models«, also der Mode-Ikonen, die ihren kurvigen Körper präsentieren und auch propagieren, stolz auf die eigenen Kurven zu sein. Und es gibt die Bewegung »bodypositivity«, die sich besonders in den Medien dafür einsetzt, realistischere Bilder von menschlichen Körpern zu zeigen und jeden so zu akzeptieren, wie er ist. Das ist ein wichtiger Schritt in die richtige Richtung, hat aber in den Köpfen der meisten Menschen aus meiner Sicht bisher wenig verändert. Als ich zum Beispiel bei Instagram den Hashtag #bodypositivity eingegeben habe, war ich sehr erstaunt, wie gering der Anteil der Bilder ist, auf denen die User wirklich ihre Körper gezeigt haben, wie sie ohne Bildbearbeitung sind: mit Speckröllchen und Cellulitis. Viele Bilder waren dann doch nach dem Motto: »Ich nutze den Hashtag und lass mir von meinen Fans sagen, dass ich ihn gar nicht nötig habe.«

Besonders Jugendliche sind anfällig für solche »Vorbilder«. Sie (er)finden sich und ihren Körper in der Zeit der Pubertät neu und brauchen Vorbilder, um herauszufinden, wer sie selbst sein wollen. Wenn diese Vorbilder überwiegend dünn sind, wird es schwer, sich gut zu finden, wenn man eben nicht wirklich dünn ist. Besonders junge Frauen probieren daher oft alles Mögliche aus, um diesem Ideal nahezukommen: von der Kohlsuppen- bis hin zur Wattebauschdiät, bei der man allen Ernstes Watte isst, damit der Magen voll ist – ein Trend, der sehr gefährlich werden kann. Auf sich selbst und eine gesunde Ernährung sowie Bewegung zu achten, ist ohne Frage sehr wichtig. Aber wie immer spielen dabei die Motive eine Rolle: Machen wir das tatsächlich, um gesund und fit zu bleiben oder um anderen zu gefallen? Selbst wer sagt, dass er vor allem sich selbst gefallen will, kann dabei vermutlich das tief verankerte Schönheitsideal der Gesellschaft nicht ganz ausblenden – dafür ist es in Werbung und Medien zu dominant. Der Übergang vom Schlankheits- beziehungsweise Schönheitsstreben zu einer handfesten Essstörung ist dadurch manchmal fließend.

Sind Formate wie »Germany's Next Topmodel« schuld an Essstörungen?

Trotz ihres starken Einflusses ist die Antwort eindeutig: Nein. Jedenfalls nicht allein. Die Medien begünstigen, dass besonders Jugendliche ein gestörtes Körpergefühl entwickeln und nicht nach ihren körperlichen Anlagen leben. Aber eine Essstörung wie Magersucht, die entsteht nicht allein, weil einem ein falsches Schönheitsideal vorgelebt wird. Wie alle anderen Süchte auch, hat eine Essstörung immer tieferliegende Gründe. Sendungen wie Castingshows oder Reality-Formate mit halbnackten dünnen oder durchtrainierten Körpern können dabei allerdings die »Einstiegsdroge« sein, indem sie Suchtgefährdeten eine vermeintliche Lösung für ihre Probleme anbieten, nämlich: dünn = erfolgreich.

Spannend finde ich dabei die Beobachtung, dass es in vielen armen Ländern so gut wie keine Essstörungen gibt. Wer hungert, kennt den Drang nicht, möglichst dünn zu sein. Denn dünn zu sein bedeutet in ärmeren Gesellschaften, dass zu wenige Mittel vorhanden sind, um sich ausreichend zu ernähren. Daher ist es dort eher ein Zeichen für Wohlstand, wenn jemand nicht mager ist. Dennoch sind Schönheitsideale nie die alleinige Ursache für eine Essstörung und spielen manchmal sogar gar keine Rolle, was ich dir gleich anhand eines Beispiels zeigen möchte.

Magersucht ist eine psychische Erkrankung. Wie jede andere Sucht kompensiert auch die Magersucht für Betroffene andere Dinge, die sie unglücklich machen. In Deutschland erkranken vor allem junge Frauen daran, aber auch Männer und ältere Frauen können betroffen sein. Im Jahr 2018 wurden in deutschen Krankenhäusern über 7 200 Fälle von Magersucht behandelt und über 1 700 Fälle von Bulimie. Im Unterschied zu Magersüchtigen erbrechen sich Bulimiker regelmäßig nach dem Essen, häufig gibt es aber Mischformen von Magersucht und Bulimie. Im Krankenhaus werden allerdings nur Betroffene behandelt, deren Erkrankung unter anderem durch die Mangelernährung lebensbedrohlich geworden ist. Zahlreiche andere werden ambulant in Therapien, in psychosomatischen Kliniken oder gar nicht behandelt. Das heißt, es gibt eine viel größere Anzahl von Magersüchtigen in Deutschland als bekannt ist. Denn sich helfen zu lassen, setzt die Erkenntnis voraus, Hilfe zu brauchen. Und der Weg dahin ist wie bei allen anderen Süchten in der Regel schwer.

Magersucht wird häufig als »Modeerscheinung« abgetan

Es ist eins der häufigsten Vorurteile gegenüber Magersüchtigen, dass sie alle übermäßig dünn sein wollen, weil sie das so schön finden. Dass die Optik aber oft zweitrangig ist oder sogar gar keine besondere Rolle spielt, ist mir klar geworden, als ich auf Leonie traf. Ich habe sie während meines Studiums kennengelernt, als ich für meine Abschlussarbeit eine Dokumentation über Essstörungen gedreht habe. Leonie war acht Jahre vorher an Magersucht erkrankt und ich habe sie ein Dreivierteljahr in ihrem Alltag begleitet.

Als ich Leonie das erste Mal sah, war sie vierundzwanzig Jahre alt. Sie hatte sprödes Haar und trockene Haut wie die meisten Magersüchtigen, da ihr Körper nicht mehr mit genügend Nährstoffen versorgt wurde. Angefangen hatte die Magersucht bei ihr in der Pubertät. Es war nie so, dass sie abnehmen wollte, weil sie sich selbst nicht gefiel. Sie war bei einer Größe von einem Meter siebzig nie schwerer als sechsundfünfzig Kilogramm, also nicht »zu dick«, sondern eher am unteren Rand des Normalgewichtes. Leonie hat sich auch nie zu dick gefühlt, nicht einmal später, als sie schwer an Magersucht erkrankte. Da fand sie ihre dünnen Ärmchen so hässlich, dass sie selbst im Sommer langärmelige Kleidung trug. Leonie nahm nicht ab, um schöner zu sein, sondern weil sie ein Problem mit Veränderungen hatte. Der Wandel ihres Körpers in der Pubertät – innen wie außen – war für sie nur schwer auszuhalten. Sie wurde weiblicher und damit konnte Leonie nicht umgehen. Sie hatte das Gefühl, dass ihr die Kontrolle entgleitet und dass Kindsein leichter war als Erwachsenwerden. Also setzte sie alles daran, dass sich ihr Körper nicht verändert, in der Hoffnung, dass sie auch die übrigen Veränderungen in ihrem Leben dadurch aufschieben konnte. Ihr Gewicht war etwas, worüber nur sie allein die Kontrolle hatte, während sie auf die Welt um sich herum nur bedingten Einfluss hatte.

Leonies Weg in die Magersucht war lang und ging schleichend vor sich. Nach einer Lungenentzündung hatte sie drei Kilo abgenommen und spürte danach in sich: Das möchtest du nicht wieder zunehmen. Es war keine bewusste Entscheidung, abzunehmen. Sie hat gar nicht darüber nachgedacht, dünner zu werden, sondern es war einfach dieses schlechte Gefühl, wenn sie ans Zunehmen dachte. Bei »nicht zunehmen« ist es danach allerdings nicht geblieben. Sie verlor zwei weitere Kilo, danach noch einmal zwei. Auch in diesem Moment hat sie sich noch nichts dabei gedacht. Doch irgendwann kam zum Gefühl, mit dem Abnehmen die Kontrolle behalten zu können, die Idee, das Abnehmen als eine Art Sport zu betrachten: Alle anderen sagen immer, abnehmen sei so schwer. Was schaffe ich selbst? Leonie war schon immer sehr ehrgeizig. So ehrgeizig, dass sie ihren Körper damit kaputt gemacht hat.

Fällt es dem Umfeld nicht auf, wenn jemand hungert?

Leonie meinte, dass es vermutlich jedem früher aufgefallen sei als ihr. Sie selbst wollte das nicht wahrhaben und hat sich daher auch nicht helfen lassen, trotz großer Bemühungen vor allem von ihrer Mutter, die sich als Intensivkrankenschwester ein bisschen mit Essstörungen auskannte. Als Leonie und ihre Mutter wieder einmal über die Magersucht in Streit gerieten, weil Leonie die Haare ausfielen, gelang es ihrer Mutter, sie mit zum Arzt zu nehmen. Nach zahlreichen Fehldiagnosen – Magersucht war für die meisten Schulmediziner gar keine Option – stellte der neue Arzt fest, dass die Magersucht schon zu weit fortgeschritten war, um noch mit einer ambulanten Therapie behandelt zu werden. Leonie ließ sich auf zwei Wochen stationäre Behandlung ein, aus der sechs Monate wurden.

Auch wenn nicht alles am Klinikaufenthalt schlecht war, ist Leonie dennoch falsch behandelt worden. Die Klinik hatte ein Belohn- und Bestrafsystem, nach dem man zum Beispiel das Zimmer nicht verlassen durfte, wenn man über einen bestimmten Zeitraum nicht genügend zugenommen hatte. Das hatte zur Folge, dass Leonie zwei Monate lang ihr Zimmer nicht verließ. Sie entwickelte Angststörungen: Wann immer sie später auf Menschen traf oder irgendetwas herunterfiel, erschreckte sie sofort.

Nachdem sie einen Monat jegliche Behandlung verweigert hatte, wurde sie aus der Klinik entlassen. Dennoch war sie insofern einen Schritt weiter, als ihr die Krankheit jetzt bewusst war. Sie hatte eine Motivation: trotz der Magersucht das Abitur noch zu schaffen. Da sie auf einen ambulanten Therapieplatz viele Monate warten musste, entwickelte sie in der Zwischenzeit eigene Strategien, um im Alltag zurechtzukommen. Eine dieser Strategien ist mir beim Dreh mit Leonie zunächst negativ aufgefallen, bis ich wusste, was dahintersteckt: Es war wirklich schwierig, mit ihr einen Film zu drehen, denn sie wirkte auf mich sehr unzuverlässig. Ständig sagte sie in allerletzter Minute unsere Drehs ab oder erschien einfach nicht. Erst nach ein paar Monaten bin ich dahinter gestiegen, woran das lag: Leonies Magersucht hatte ihre gesamte Tagesplanung fest im Griff. Alles, was sie aß, wog sie damit auf, wie viel sie sich bewegt hatte. Wenn sie etwas mehr zu sich genommen hatte, fühlte sie sich gezwungen, mehr spazieren oder joggen zu gehen. Sie war jeden Tag mehrere Stunden in Bewegung, um ein »Gleichgewicht« herzustellen zwischen der Aufnahme und Abgabe von Energie. Sie wog ihr Essen ab und errechnete daraus die nötige Zeit für Bewegung. Und je nachdem, ob sie zu viel oder zu wenig gegessen hatte, konnte sie private Termine wahrnehmen oder musste sie absagen, weil sie sich noch bewegen musste. Oder weil sie Angst davor hatte, dass sie nicht genug Kontrolle über den restlichen Tag haben könnte, und deswegen lieber vorsichtshalber zu Hause blieb. Außerdem fiel ihr das lange Stillsitzen während unserer Gespräche schwer. Sie musste pausenlos in Bewegung sein, damit gar nicht erst die Angst hochkommen konnte, zuzunehmen.

Für Leonie gehörte diese Strategie zum Überleben dazu: Sich zu bewegen war leichter als die Angst auszuhalten. Deswegen joggte sie oft bis zu drei Stunden am Tag, zu Beginn ihrer Magersucht zum Beispiel auf dem Weg zur Schule und auch sonst in Alltagskleidung, damit es nicht so auffiel und zu Hause keinen Ärger gab. Sie gab vor, sich mit Freunden zu treffen und ging stattdessen joggen. Zudem stieg sie nie in den Aufzug oder nahm die Rolltreppe, sondern nutzte jeden Schritt, um Kalorien zu verbrennen. Entgegen des weitverbreiteten Klischees, nach dem Magersüchtige nur Salat essen, hat Leonie sich eine Zeit lang fast nur von Schokolade ernährt. »Ich hasse essen. Von Schokolade muss man nur kleine Mengen essen und der Körper gibt für viel längere Zeit Ruhe, als wenn ich Salat oder Obst esse«, war ihre Begründung. Dadurch habe ich gelernt, dass Magersucht nicht nur eine entgleiste Diät ist. Ich habe schon häufiger im Bekanntenkreis Sprüche gehört wie: »Ich könnte nie magersüchtig werden, dazu ist Essen viel zu geil.« Oder: »Warum können die sich nicht einfach mal ne Pizza in den Mund schieben und dann hat sich die Sache?« Leonie wäre nach einem Stück Pizza vermutlich statt nachts zu schlafen zweimal einen Marathon gelaufen. Die Sucht nach Sport und nach dem Hungern wurde irgendwann so groß, dass sie fast daran gestorben wäre. Mit einem Puls von 25 (normal ist 60 bis 90) und Herz-Rhythmus-Störungen wurde sie ins Krankenhaus eingeliefert. Damals wog sie 38 Kilogramm. Hätte sie nur 100 Gramm weniger gewogen, wäre sie künstlich ernährt worden. Eine Woche lang lag Leonie auf der Intensivstation, danach wurde sie in eine weitere Klinik für Essstörungen überwiesen.

Diese Therapie und die nachfolgenden ambulanten Therapien halfen ihr nach vielen Jahren, einen halbwegs stabilen Alltag zu leben. Getrieben war sie dabei weiterhin von der Motivation, ihr Abitur zu schaffen. Durch die verpasste Zeit musste sie zwar ein Schuljahr wiederholen, schaffte aber tatsächlich das Abitur und konnte danach sogar studieren. Die Krankheit hinter sich gelassen hatte sie dadurch aber noch lange nicht. Eine Essstörung begleitet Betroffene oft ihr Leben lang. Wer einmal ein schlechtes Verhältnis zum Essen bekommen hat und für eine lange Zeit über jeden Bissen nachgedacht hat, dem fällt es schwer, ein ungezwungenes Verhältnis zu Essen zu bekommen, auch wenn das abhandengekommene Hungergefühl irgendwann zurückkehrt. Ein Essen wirklich genießen zu können, bleibt vielen ihr ganzes Leben lang versagt.

Magersucht wird außerdem oft von anderen körperlichen Folgen begleitet: Wie bei Leonie verändern sich Haut und Haare, der Puls wird langsamer und die Periode setzt aus. Glücklicherweise treten die meisten dieser Symptome nur dann auf, wenn der Körper mangelhaft ernährt ist. Bekommt er wieder ausreichend ausgewogene Nahrung, setzt meist auch die Periode wieder ein und die Zellen des Körpers regenerieren sich. Das braucht allerdings Zeit. Und wenn die Magersucht in sehr jungen Jahren beginnt, können auch Spätfolgen bleiben, zum Beispiel sind die Betroffenen kleiner, weil das Längenwachstum in der Pubertät ausgesetzt hat, und bei sehr lang andauernden Krankheitsverläufen sind durch die Mangelversorgung auch organische Schäden möglich.

Das ist bei Leonie zum Glück nicht der Fall gewesen. Aber selbst als das Essen für sie keine so große Rolle mehr gespielt hat, sind die im Lauf der Magersucht entwickelten Zwänge, Ängste und Selbstzweifel geblieben. Die Ängste haben sich irgendwann genauso verselbstständigt wie die sinkenden Kilos. Anfangs hatte Leonie nur Angst, beim Sporttreiben oder Hungern zu versagen. Später schlichen sich die Selbstzweifel in alle Lebensbereiche. Ihr Selbstbild hat sich mehr und mehr darüber definiert, welche Ziele sie erreicht, und nicht darüber, was ihre Persönlichkeit ausmacht.

Wer erkrankt an Magersucht?

Weltweit wird über die Ursachen der Magersucht geforscht. Dabei gehen Experten davon aus, dass es sich um eine Mischung aus den eigenen Genen, neurobiologischen Faktoren, Hormonen und Umwelteinflüssen handelt. Es spielen nie nur einzelne Faktoren eine Rolle. So hat auch bei Leonie eine Mobbingerfahrung in der frühen Jugend dazu beigetragen, dass ihr Selbstwertgefühl litt. Aber nur diese Erfahrung für ihre Krankheit verantwortlich zu machen, greift genauso zu kurz, wie bei anderen Betroffenen eine »schwierige« Kindheit oder sonstige negative Erfahrungen als einzigen Grund anzunehmen. Wie bei anderen Süchten gilt auch hier: Wer nicht anfällig ist für Magersucht, wird sie auch nicht bekommen – selbst nach vielen schlimmen Erlebnissen nicht oder wenn er sich rund um die Uhr alle Castingshows der Welt reinzieht. Wer keine Prädisposition für Magersucht hat, der kompensiert Stress und Kummer anders, aber nicht mit Hungern. Dafür spricht auch, dass Magersucht keine neue Krankheit ist. Zwar haben die Fälle in den letzten siebzig Jahren leicht zugenommen, aber nicht so rasant, als dass man die Schuld dafür Heidi Klum in die Schuhe schieben könnte.

Ein wesentlicher Punkt bei der Magersucht stellt vermutlich eine gestörte Informationsverarbeitung im Hirn der Betroffenen dar. Die Auswirkung davon ist zum einen, dass die Erkrankten überempfindlich auf Stress und Probleme reagieren und zum anderen hohe Ansprüche an sich selbst haben, denen sie nicht gerecht werden können. Situationen in ihrem Alltag, die sie frustrieren oder traurig machen, beziehen sie häufig auf ihr »falsches« Handeln und auf sich selbst als »schlechte Persönlichkeiten«. Dadurch entstehen Unzulänglichkeits- und Minderwertigkeitsgefühle. Viele Betroffenen haben das Gefühl, nie etwas richtig zu machen und nichts schaffen zu können, auch wenn sie objektiv deutlich erfolgreicher sind als andere. Indem Magersüchtige es »schaffen«, nichts zu essen, bekommen sie kurzfristig Bestätigung, dass sie doch etwas zustande bringen. Und sie erfahren in diesen Momenten, dass einzig und allein sie es sind, die über ihren Körper entscheiden können. Sie haben das Gefühl, dass ihnen die Magersucht vorübergehend hilft, ein emotionales Gleichgewicht zu finden. Sie bietet eine vermeintliche Sicherheit, die Betroffene glauben zu verlieren, wenn sie sich behandeln lassen.

Ist Magersucht eine Frauenkrankheit?

Frauen sind besonders häufig von Magersucht betroffen, etwa zehnmal häufiger als Männer. Aber es ist ein Vorurteil, dass es eine klassische Frauenkrankheit ist. Bei Männern sieht die Krankheit oft etwas anders aus, man spricht hier auch von Muskelsucht. Durch einige jüngere Verwandte habe ich schon des Öfteren mitbekommen, dass in der Generation rund um die zwanzig bei vielen jungen Männern nur noch eins zählt: pumpen, pumpen, pumpen. Das Training im Fitnessstudio wird durch eine besondere Ernährung ergänzt, vom Eiweißshake bis hin zu Anabolika. Und da ist die Partygeneration streng mit sich: Viele trinken zumindest in der »Massephase« keinen Alkohol mehr und sehen zu, dass sie im Trainingsplan bleiben. »Coke Zero« heißt das neue Bier.

Auf ähnliche Weise wurde auch bei Marvin das Thema »Essen« zum Problem. Marvin war zu Beginn seiner Jugend dick. Er selbst nennt es heute sogar fett. Er hatte »Glück« und ging mit seinen beiden besten Kumpels aus dem Kindergarten zur Grundschule und auch zur weiterführenden Schule. Daher wurde er trotz seines starken Übergewichtes nicht zum Außenseiter, so wie es vielen anderen mit seinen Körpermaßen ergeht. Im Gegenteil: Weil Marvin als lustig galt, war er in der Schule anerkannt. Allerdings nicht als der attraktive Marvin, sondern als der Clown oder kuschelige Teddybär. »In dem Moment habe ich mir das schöngeredet, aber jeder einzelne Teddybär hat mich verletzt«, hat Marvin mir erzählt. Er wollte nicht zum Knuddeln sein; er wollte genauso schön und begehrenswert sein wie seine Kumpel. Denn in seinem inneren fühlte er sich nicht dick – wenn er in den Spiegel schaute, kam es ihm immer so vor, als würde er jemand Fremden betrachten. Auch wenn er mit seinen Mitschülern gut auskam, konnte er bei Frauen nicht punkten. Die gut gemeinten Ratschläge seiner Mutter: »Warte auf die Richtige, die dich wegen deines Inneren liebt«, waren eben nur gut gemeinte Ratschläge – denn entweder war das ein schlechter Tipp oder die Richtige gab es einfach nicht.

Im Studium sprach Marvin ein junger Mann an, der Werbung für ein Fitnessstudio machte. Er lockte damit, dass die ersten zehn Kunden, die zehn Kilo Gewicht verlieren, fünfhundert Euro gewinnen würden. Da Marvin zu der Zeit extrem knapp bei Kasse war, beschloss er, es wenigstens zu versuchen – zu verlieren hatte er schließlich nur Kilos. Um ihn zu pushen, ging sein Kumpel Philipp mit zu den ersten Probestunden. Da Philipp aber aktiver Handballer war und neben dem Studium keine Zeit fürs Fitnessstudio aufbringen konnte, hörte er bald wieder auf. Marvin blieb. Er hatte festgestellt, wie schnell es ging, ein paar Kilos zu verlieren. Und wie gut die Reaktionen seiner Mitmenschen darauf waren. Jedes Kompliment war für sein schwaches Selbstwertgefühl der reinste Balsam. Bald wollte er nicht nur die fünfhundert Euro gewinnen, sondern auch weiter abnehmen. Schnell wurde aus seinem körperlichen Sport ein Denksport: Wie kann ich innerhalb kurzer Zeit am meisten abnehmen? Wog Marvin anfangs noch seine Essensrationen ab, wurde er bald zum Kalorienzähler – und zwar jeder einzelnen Kalorie! Statt Früchtetee trank er Kräutertee (eine Kalorie gespart!) und sein Fleisch (natürlich nur noch Geflügel) briet er nicht mehr in Öl, sondern in Wasser an. Gegen den Hunger, der selbstverständlich immer zwischendurch hochkam, aß er tonnenweise Kaugummis. Und wenn er nachts vor lauter Hunger nicht schlafen konnte, war er nicht etwa frustriert, sondern dankbar – es gab ihm ein gutes Gefühl, stärker als der Hunger zu sein und nicht nachzugeben.

Sein Fitnesstrainer zeigte Marvin nicht nur die besten Übungen, sondern »half« ihm auch mit dem ein oder anderen Shake und Mittelchen, noch schneller ans »Ziel« zu kommen. Der Übergang zur Sport- und Magersucht war fließend. Innerhalb von wenigen Monaten hatte er sein Gewicht halbiert. Es gab kein Wunschgewicht für ihn, sondern er wollte »einfach gut aussehen«. Aber egal, wie viel er abnahm, im Spiegel fand er sich noch immer zu dick. Wie für viele Magersüchtige typisch, hatte er eine Körperschemastörung entwickelt, das heißt, er konnte gar nicht mehr wahrnehmen, ob sein Gewicht für seine Körpergröße angemessen war oder nicht. Und auch sozial wurde es für ihn schwieriger. Sein erster Erfolg bei den Frauen ebbte so schnell ab, wie er gekommen war, als diese merkten, dass eine Beziehung mit Marvin nicht möglich war: Vor lauter Fitnessstudio hatte er kaum Zeit und sein Ernährungswahn war für seine Verabredungen nur schwer auszuhalten. Die losen Bettbekanntschaften gaben Marvins geringem Selbstwertgefühl nur am Anfang Auftrieb, später stellte er fest, dass sie nicht das waren, wonach er sich sehnte. Auch mit Marvins Familie und Freunden wurde es zunehmend schwieriger. Sie sagten ihm, dass sie ihn so verbissen gar nicht wiedererkennen würden und sie sein herzliches Lachen vermissten.

Wie Marvin kommen viele Magersüchtige irgendwann zu der Erkenntnis, dass erzwungenes Dünnsein nicht zwangsläufig beliebt und erfolgreich macht, sondern vor allem eins: einsam. Ich habe das selbst schon einmal bei einer magersüchtigen Schulkameradin erlebt. Ich hatte zu ihrer besten Freundin ein enges Verhältnis und habe dadurch mitbekommen, dass die Freundschaft der beiden am Ende kaputtging. Magersucht war damals ein noch größeres Tabuthema als heute. Wir waren gar nicht aufgeklärt und fanden es einfach nur merkwürdig, wie unsere Mitschülerin drauf war. Sie schaufelte unglaubliche Mengen von Magerquark mit Süßstoff in sich rein und trank nur noch Cola Light. Ob das der Grund war, warum sie teilweise zwei bis drei Mal pro Schulstunde auf die Toilette gegangen ist oder ob sie sich des Magerquarks wieder entledigt hat, weiß ich nicht. Aber ich weiß, dass wir mit der Situation nicht umgehen konnten. Unsere Mitschülerin war nur noch verbissen. Bei einem Schüleraustausch hatte sie einen Zwei-Kilo-Beutel Möhren dabei. Als ich sie fragte, ob ich eine abhaben könne, hat sie mich regelrecht angefaucht, dass sie diese selbst bräuchte.

Oft leiden die Angehörigen der Betroffenen sehr unter der Situation, weil sie nicht wissen, wie sie helfen können. Wichtig zu wissen ist für alle, die mit Magersüchtigen in Kontakt kommen: Mehr zu essen löst keine Probleme. Nur weil jemand wieder etwas zu sich nimmt, sind seine Probleme nicht verschwunden. Wer wirklich helfen will, kann erst einmal nur zuhören und versuchen, zu ergründen, was hinter der Hungersucht steckt. Doch auch ein gutes Gespräch hilft oft nicht. Betroffene müssen selbst bereit sein, etwas zu ändern. Die Aussage, dass sie es selbst wollen müssen, trifft es dabei übrigens nicht wirklich. Besser passt, dass sie es selbst schaffen müssen, Hilfe anzunehmen. Dabei kann unterstützend wirken, Hilfsangebote aufzuzeigen. Vor allem ist es jedoch wichtig, da zu sein und da zu bleiben, selbst wenn sich das Wesen einer erkrankten Person so sehr verändert, dass es schwierig ist, das auszuhalten. Viele Angehörige und Freunde schaffen es nicht, und dafür kann man ihnen auch keinen Vorwurf machen. Vielen hilft es aber schon, sich vor Augen zu führen, dass die Krankheit ihre Lieben verändert und sie sich nicht freiwillig so verändert haben.

Was in Bezug auf die »Topmodels« trotzdem nicht schaden kann, ist, wenn wir gemeinsam an einem realistischeren Körperbild arbeiten. Denn das vermindert zum einen den Trigger für Magersüchtige – schließlich werden auch Menschen mit einer Neigung zu Alkoholsucht vor Abhängigkeit bewahrt, wenn sie an Orten leben, wo es keinen Alkohol zu kaufen gibt. Zum anderen macht ein realistischeres Körperbild aber auch alle anderen zufriedener. Fast immer haben wir etwas an uns auszusetzen und nicht selten spielt dabei das Thema Gewicht eine Rolle. Doch wenn wir in uns hineinhören, sind die größten Kritiker dabei meist wir selbst, oder? Ich jedenfalls mag keine meiner Freunde weniger, weil sie mehr oder weniger Kilos auf den Rippen haben.

10. Kapitel

Die Rabenmütter

Oder: Warum das Beste fürs Kind nie gut genug ist

In diesem Kapitel erzähle ich dir von meinen eigenen Erfahrungen, denn in puncto (Raben-)Mutter habe ich reichlich davon gesammelt. Als Mutter kann man sich nur auf eine Art und Weise verhalten: nämlich falsch. Egal, was man tut, es gibt immer andere Mütter, Nichtmütter, Schwiegermütter, Omas und Opas, Nachbarn oder völlig Fremde, die es besser zu wissen scheinen als man selbst. Sätze wie: »Wie kannst du nur?« und »So was haben wir früher nicht gebraucht« bekommt man dabei wirklich zu jedem Detail im Leben von Eltern und Kind zu hören. Ob man stillt (»Muttermilch ist das Beste« versus »Kinder brauchen nach dem sechsten Lebensmonat keine Muttermilch mehr, dann verhätschelt man sie nur«) und was das Kind danach zu Essen bekommt (»Wie, du kochst nicht frisch, sondern nimmst immer Gläschen?« versus »Wieso machst du dir Stress mit dem Kochen, nimm doch Gläschen«). Welche Windeln man kauft (»Wegwerfwindeln produzieren viel zu viel Müll« versus »Ist das nicht saueklig, Stoffwindeln zu benutzen?«) oder wie man auf das Weinen seines Kindes reagieren soll (»Das Kind muss sofort auf den Arm genommen werden« versus »Du musst dein Kind auch mal schreien lassen«).

Auch hier kann ich mich selbst von Vorurteilen nicht ausnehmen, besonders als ich noch zur Fraktion »kinderlos« gehörte. Da war ich mir ganz sicher: Ich würde nie ein Kind in meinem Bett schlafen lassen – am Ende rollt man es noch platt. Beißen, kratzen und laut brüllen, das tun nur schlecht erzogene Kinder – da muss man eben Grenzen setzen. Und Unfälle passieren nur Eltern, die nicht richtig auf ihr Kind achten – wie kann denn bitte ein Kind vom Wickeltisch fallen? Heute hoffe ich inständig, dass ich anderen Eltern diese Meinung nie auf die Nase gebunden habe.

Bei all den ungeheuerlichen Verfehlungen von Müttern, die ich gar nicht alle aufzählen kann, möchte ich dir anhand eines Beispiels deutlich machen, wie sehr ich mich mit meinen Vorurteilen geirrt habe.

Wie schnell sollte eine Mutter nach der Geburt ihres Kindes wieder arbeiten?

Die Oberrabenmutter unter den Rabenmüttern war für mich eine lange Zeit diejenige, die ihr Kind schon früh (also in meinen Augen unter drei Jahren) in eine Kita oder zu einer Tagesmutter gibt. »Wenn man sein Kind möglichst schnell abgeben will, wozu bekommt man dann eines?« Dieses Vorurteil habe ich hartnäckig gepflegt – bis ich selbst ein Kind bekommen habe. Vor der Geburt bin ich ganz romantisch von der Vorstellung ausgegangen, die ich überall zu hören bekommen habe: »Selbst, wenn es mal anstrengend wird: Nur ein Blick in die Augen deines Kindes entschädigt dich für alles.« Und dann kam mein Sohn zur Welt. Versteh mich nicht falsch: Ich liebe ihn über alles. Und sein süßer Blick, das leise Schnarchen und das morgendliche Räkeln hat mein Herz mit Liebe geflutet. Aber nach monatelangem Schlafentzug, der vierten Runde spazieren gehen am Tag und halb abgebissenen Brustwarzen hat mich sein Blick – auch wenn er noch so süß war – einen Scheiß für alles andere entschädigt. Ein Baby stellt in den ersten Monaten seines Lebens alles auf den Kopf, und zwar so sehr, wie man es sich trotz tausender Ratschläge von Bekannten und Mutti-Ratgebern vorher nicht vorstellen kann. Am Anfang, da ist in Mamas Kopf vor lauter Liebe und Fürsorge deswegen für nichts anderes Platz als dieses kleine Menschenwesen. Als Mutter mache ich mir pausenlos Gedanken darüber, ob das Kind beim ersten Schnupfen erstickt, weil es ja noch nicht durch den Mund atmen kann (Wie soll denn das bitte gehen?), ob ich zum Beikoststart lieber Möhren oder Pastinaken dünste und ob mein Kind eine Behinderung hat, weil es mit zehn Monaten weder läuft noch Zähne hat. Neben dem tiefen Gefühl von Wärme und Zuneigung ist diese Zeit körperlich wie seelisch anstrengend.

Dann kommt die Zeit, in der Mama feststellt, dass sie mehr Tierlaute am Tag macht als ganze Sätze zu sprechen (»Wie macht das Pferd? Ühühühühüh Pffff«), dem Kind minütlich neue Dinge beibringen muss (»Nein, die Tampons kann man nicht essen! Und in die Nase gehören sie auch nicht!«) und vor lauter Rolf-Zuckowski-Ohrwürmern nachts nicht schlafen kann (Hörst du die Weihnachtsbäckerei auch im Sommer?). Das ist nicht nur anstrengend, sondern auch ganz schön nervtötend. Zu dieser Zeit hegen viele Mütter den Wunsch, wenigstens stundenweise wieder ein eigenständiger Mensch jenseits von Mutti zu sein und eine Auszeit vom 24/7-Job Mama zu bekommen.

So ging es mir auch. Ich wollte mein Kind auch mal vermissen und mich auf den Kleinen freuen, weil ich ihn für ein paar Stunden nicht gesehen habe. Ein Kind zu haben ist etwas Wunderschönes – für mich das beste und wertvollste Geschenk in meinem Leben. Ich liebe es, wenn mein Sohn jedes meiner Worte nachplappert, sich kringelig lacht, wenn ich einen Ball in die Luft werfe und ihn »aus Versehen« nicht fangen kann oder wenn er mich morgens mit verschlafenen Augen fragt: »Mama schmusen?« Trotz all der Liebe ist es in der Beziehung Mutter-Kind eigentlich genauso wie bei zwei Erwachsenen: Von denen würde auch niemand verlangen, dass sie rund um die Uhr aufeinanderhängen – da geht man sich zwangsläufig irgendwann auf den Keks. Wenn du selbst ein Kind hast, kennst du garantiert diese Situation: Dein Kind nölt den gesamten Vormittag, bekommt einen Wutausbruch nach dem anderen – dann klingelt die Nachbarin und das Kind strahlt sie mit seinem herzallerliebsten Lächeln an. Als wäre das nicht genug, sagt die Nachbarin: »Ihr Kind ist immer so ein Sonnenschein.« Ja genau, immer, bis auf vor zwei Sekunden, als Sie noch nicht vor der Tür standen.

So wie ich manchmal genervt bin von meinem Kind, nerve ich es, glaube ich, auch. Es mag die Abwechslung, braucht ab und zu einen anderen Input als Mama. Heißt: Mein Sohn und ich, wir haben festgestellt (die eine bewusster als der andere), dass es ganz gut wäre, wenn Mama wenigstens stundenweise nicht da wäre. Entgegen meiner Annahme von früher, dass ich garantiert mindestens drei Jahre Vollzeit zu Hause bleibe, um für meine Kinder die perfekte Mutter zu sein, gehe auch ich viel früher als zunächst angenommen auf die Suche nach einer Mutti-Auszeit.

Da der einfachste und sozial am ehesten akzeptierte Weg für eine regelmäßige Auszeit der ist, wieder zu arbeiten und da natürlich auch viele Mütter das Geld brauchen, weil der Staat nach einem Jahr keine Eltern mehr unterstützt, die ihre Kinder selbst erziehen wollen, ist es vielen Frauen heute wichtig, bald wieder in den Beruf einzusteigen. Sie haben außerdem erkannt, dass ihr Mann, wenn sie denn einen haben, kein Garant mehr für ihre Rentenversorgung ist und sie dafür selbst etwas tun müssen. Sie haben zudem bemerkt, dass der Wiedereinstieg in den Beruf nach mehrjähriger Babypause (tatsächlich bekommen manche Frauen ja auch noch mehr als ein Kind) nicht mehr ohne Probleme möglich ist. Also versuchen sie, schnell wieder an ihren Arbeitsplatz zurückzukehren oder sich eine neue Stelle zu suchen. Und da fangen die Probleme an.

Warum bekommen die Deutschen immer weniger Kinder?

Wie überraschend, wo es doch so tolle Möglichkeiten für Frauen gibt, Kind und Karriere zu verbinden: Kitaplätze sind in größeren Städten oft nur zu bekommen, wenn man sie einklagt. Wer in seinen alten Job zurückkehrt, kann das meist nur in Teilzeit, und daher sind die Aufstiegschancen gleich null. Und wer einen neuen Job sucht, bei dem wirkt ein Kind im Lebenslauf ähnlich attraktiv wie eitriger Hautausschlag.

Während meiner Elternzeit sind wir in eine andere Stadt umgezogen, also habe ich gegen Ende nach einem neuen Job gesucht. Das hat sich als überaus schwierig herausgestellt, denn so gut wie alle ausgeschriebenen Stellen waren Vollzeitjobs. Das kam für mich nicht in Frage, da mein Superheldenumhang – wie sonst soll ich einen Vollzeitjob mit Familie vereinen? – dauerhaft in der Reinigung war. Doch selbst, wenn ich an dieser Stelle sage: »Na komm, ich versuch es mal, vielleicht bin ich ja bei einem möglichen Vorstellungsgespräch so überzeugend, dass die mich auch in Teilzeit nehmen«, stehe ich kurz darauf vor der nächsten Herausforderung: Eine Betreuung für das Kind muss her. An dieser Stelle beißt sich die Katze in den Schwanz, denn in unserer Stadt kosten Plätze bei Tagesmüttern oder in der Kita wie in vielen deutschen Städten Geld. Wenn ich noch keinen Job gefunden habe, laufe ich Gefahr, dass ich einen Betreuungsplatz bekomme und ihn bezahlen muss, während ich zu Hause ohne Kind rumhocke und das Geld für die Kinderbetreuung gar nicht wieder reinhole. Versuche ich es andersherum, suche mir erst einen Job und bekomme ihn auch, dann ist die Wahrscheinlichkeit nicht gering, dass ich sagen müsste: »Herzlichen Dank auch, ich freue mich über Ihr Angebot, aber ich habe leider keine Möglichkeit, mein Kind kurzfristig unterzubekommen.« Denn Kindergartenplätze ebenso wie die bei einer Tagesmutter gibt es bei uns meist nur zum Beginn des Kindergartenjahres im August. Dazwischen: keine Chance. Trotzdem habe ich mich umgeschaut. Gucken kostet ja nichts, und vielleicht ließe sich im Falle des Falles irgendwie eine Betreuungsmöglichkeit finden?

In meinen ersten sieben Bewerbungen habe ich die mütterliche Auszeit im Lebenslauf erwähnt und im Anschreiben offen gesagt, dass ich Teilzeit aus familiären Gründen attraktiv fände. Sieben Bewerbungen, sieben Absagen. Sieben Mal bin ich nicht mal zum Vorstellungsgespräch eingeladen worden. Ich habe einer Freundin davon erzählt und sie sagte: »Du bist doch gar nicht verpflichtet, dein Kind in einer Bewerbung zu erwähnen. Ich habe das in meine auch nicht reingeschrieben.« Aber das wäre doch Diskriminierung, wenn ich nur wegen des Kindes nicht genommen worden wäre?

Ich habe es versucht: Drei weitere Bewerbungen habe ich geschrieben, dieses Mal ohne Erwähnung des Kindes. Rate mal, was passiert ist! Ich bin drei Mal zum Bewerbungsgespräch eingeladen worden und hatte danach drei Jobzusagen. Natürlich kann das alles Zufall sein – zehn Bewerbungen sind noch nicht das Maß aller Dinge. Aber womöglich ist es auch kein Zufall. Ich habe selbst bei sozialen Arbeitgebern schon erlebt, dass eine Schwangerschaft die Vertragsverlängerung kostete, natürlich nur inoffiziell. Dabei frage ich mich: Was geht in den Köpfen der Personalentscheider vor? Ja, eine Mutter ist dann eine Zeit lang nicht da. Und an einem der größten Vorurteile gegenüber Müttern ist tatsächlich etwas dran: Sie fehlen teilweise bei der Arbeit, weil ihr Kind manchmal krank wird. Gerade zu Beginn der Kita-Zeit sogar ständig. Aber diese Phase dauert ja nicht ewig, und wenn Arbeitgeber Mütter von vornherein aussortieren, verzichten sie damit oft auf kompetente und auch langjährige Mitarbeiterinnen. Viele Mütter haben kein Interesse daran, alle paar Jahre den Job zu wechseln, wie es viele Männer mit Karriereaussichten oft tun.

Darüber hinaus hat das Muttersein nichts damit zu tun, ob ich ansonsten eine zuverlässige oder gar eine gute Mitarbeiterin bin. Vor der Geburt des Kindes wurde ich für meine Fähigkeiten geschätzt. Nach der Geburt komme ich gar nicht mehr dazu, diese unter Beweis zu stellen, weil das »Achtung! Achtung! Sie hat ein Kind!«-Schild schon vorher jegliche Chancen ausbremst. Dabei kann ich versichern: Stilldemenz hinterlässt keine dauerhaften Schäden in der Arbeitsweise meines Gehirns. Im Gegenteil: Muttersein hat meine bisherigen Fähigkeiten eher erweitert. Schließlich macht jede Mutter zeitgleich eine Managerausbildung. Sie lernt, sieben Dinge gleichzeitig zu regeln und organisiert das gesamte Drumherum einer Familie, nicht nur für sich selbst, sondern auch noch für Mann und Kind(er): Planung von Urlaub und Freizeitprogramm, Vereinbarung von Arztterminen, Organisation der Geburtstagsfeiern bis hin zu Dekoration und kleineren bis größeren Handwerksleistungen im eigenen Zuhause.

Anerkennung gibt es dafür aber kaum. Am Ende des Tages applaudiert mir niemand dafür, dass ich die Windeln besonders schön zugemacht, dem Kind erfolgreich die Fingernägel geschnitten oder seine Wutausbrüche ohne eigene Wutausbrüche ertragen habe. Wer Glück hat, bekommt von Angehörigen hin und wieder zu hören, dass er eine tolle Mutter sei und das mit dem Kind gut hinbekommt (doch nicht gänzlich Rabenmutter). Aber das ist trotzdem etwas ganz anderes, als wenn man seinen Job gut macht und dafür von seinem Chef oder den Kollegen geschätzt wird oder man im Fall von komplimentfaulen Chefs wenigstens selbst merkt, wo die eigenen Stärken liegen.

Man kann nur vermissen, was man nicht hat

Ich wünsche mir so sehr beides: Ich will die Zeit mit meinem Kind genießen können. Aber ich möchte auch noch ein eigenständiger

Mensch sein, der mit seinen anderen (beruflichen) Fähigkeiten gesehen wird und Chancen hat, hier weiterzukommen. Wenn ich irgendwo den Gedanken äußere, dass ich gerne wieder arbeiten würde, habe ich schon häufig zu hören bekommen: »Genieß die Zeit jetzt, Kinder werden so schnell groß.« Als ob das Genießen auf Knopfdruck ginge. Wir Menschen sind blöderweise so gestrickt, dass wir immer das wollen, was wir gerade nicht haben. An diesem Yin- und Yang-Prinzip ist schon etwas dran: Wir brauchen Abwechslung. Zwei verschiedene Pole, um den jeweils anderen Teil wertschätzen zu können. Wenn ich vierundzwanzig Stunden mit meinem Kind verbringe, dann sind die Tage im Grunde alle gleich: Es gibt keinen Unterschied zwischen Woche und Wochenende. Vorfreude ist bekanntlich die schönste Freude, aber worauf freue ich mich, wenn sich ein Tag nicht vom anderen unterscheidet? Ich kann die Zeit nicht genießen, wenn ich nie die Chance habe, mit Abstand zu sehen, was das eigentlich ist, was ich so schön finde. Tatsächlich merke ich, wie wohltuend das ist, wenn mein Sohn mal für einen Tag bei den Großeltern ist: Abends kann ich es kaum erwarten, ihn wiederzusehen und ihn so richtig herzlich zu knuddeln und zu knutschen.

Also wäre es doch ein Traum, wenn sich Eltern, sofern man nicht alleinerziehend ist, beides aufteilen könnten. Ich habe das große Glück, dass ich einen Mann habe, der sich im Vergleich zu anderen Vätern ausgesprochen viel und mit großer Hingabe um unser Kind kümmert. Wenn er von der Arbeit kommt, ist für ihn selbstverständlich, dass er mit unserem Sohn spielt. Dennoch war auch bei uns in Bezug auf den Job die Aufteilung klar: Mein Mann geht in Vollzeit arbeiten, ich erst mal nicht. Im ersten Jahr unter anderem deshalb, weil ich gestillt habe, und danach, weil es finanziell ergiebiger war und ich wie beschrieben keine neue Stelle in Teilzeit gefunden habe. Kennst du irgendein Paar, das sich Job und Kindererziehung genau zur Hälfte aufteilt? In aller

Regel bleibt in den ersten Monaten bis Jahren die Frau zu Hause. Viele Männer nehmen sich zwei Monate zusätzlich zu ihrer Frau Elternzeit oder sogar noch etwas länger, wenn sie gemeinsam mit der Familie reisen wollen. Aber ich kenne nur vereinzelte Fälle, in denen die Männer anstatt ihrer Frauen zu Hause geblieben sind. Und dann war der Grund dafür, dass die Frauen mehr verdienten als ihre Männer. Meistens läuft es also so, dass die Frau erst mal zu Hause bleibt und irgendwann wieder arbeiten gehen möchte. Dann allerdings in der Regel zusätzlich zu ihrem Mann. Wenn er eine Vierzigstundenwoche hat, macht sie noch zwanzig Stunden obendrauf, oder wenn er tatsächlich etwas reduziert und dreißig Stunden arbeitet, tut sie das vielleicht auch. Ich kenne nur einen einzigen Fall, bei dem Mann und Frau zusammen vierzig Stunden arbeiten und die Arbeitszeit zu gleichen Teilen übernehmen. Bei allen anderen arbeitet entweder nur der Mann und die Frau ist zu Hause oder – und so ist es in meinem Bekanntenkreis eher die Regel – Mann und Frau arbeiten beide, aber deutlich mehr als zusammengenommen vierzig Stunden. Und das, obwohl die Kindererziehung und der Haushalt im Vergleich zu früher nicht einfacher oder weniger geworden sind. Da frage ich mich: Woher sollen diese zusätzlichen Kräfte kommen, um das Mehr an Arbeit zu kompensieren?

Schließlich ist auch die gedankliche Belastung eine doppelte: Was ist noch für das nächste Meeting zu tun? Wie schaffe ich die Deadline für den Kunden? Was wollte mein Chef noch mal bis morgen erledigt haben? Und gleichzeitig: Ist die Wickeltasche noch gut genug bestückt? Habe ich den nächsten Impftermin schon ausgemacht? Hat mein Kind eigentlich noch was anzuziehen oder trägt es nächsten Monat bauchfrei? Eine Auszeit wäre der Job dann, wenn die Arbeit nicht zu Kindererziehung und Haushalt dazu käme, sondern eine Abwechslung wäre, in einem Maß, wie beides gut zu stemmen ist.

Mama muss immer alles geben

Die Vorurteile gegenüber arbeitenden wie nicht arbeitenden Müttern machen es ihnen dabei oft schwer, sich guten Gewissens für eine Option zu entscheiden: Häufig müssen sich (»früh«) wieder arbeitende Mütter genauso viele Sprüche anhören wie Hausfrauen, die entschieden haben, sich für eine längere Zeit um Kinder und Haushalt zu kümmern. Viele spüren dabei zunehmend den Druck, dass sie besonders »gut« in der Kindererziehung sein müssen – entweder um zu beweisen, dass sie neben dem Job trotzdem noch eine gute Mutter sein können, oder eben, dass sie eine besonders gute Mutter sind, weil sie zu Hause bleiben.

Und eine gute Mutter hat dabei einiges zu tun: Wir sind im Zeitalter der optimalen Förderung angekommen, das heißt bei Kita und Schule nehme ich nicht mehr die, die am nächsten liegen, sondern die mit dem besten pädagogischen Konzept – egal, wie weit der Weg dahin ist. Nach Kita oder Schule müssen die Kinder zum Klavierunterricht oder zum Fußballtraining, auch bei den Bambinis schon drei Mal pro Woche, es muss ja der nächste Ronaldo heranwachsen. Nach Hausaufgaben werden die Kinder zu ihren »Playdates« (neudeutsch für Verabredungen) gefahren, der Tag ist durchgetaktet. Und wenn mal eine Feier ansteht, muss sie »deluxe« sein: Bei Taufen gibt es Gastgeschenke für die Verwandten, bei Geburtstagen werden teure Partyhöllen gemietet, statt zu Hause gemeinsam zu spielen, und die selbstgebackenen Kuchen macht Supermum natürlich gerne auch frei von Gluten, Lactose und Zucker. Wer irgendwo eingeladen ist, muss sich vorher genau informieren, in welchem Geschäft der »Geburtstagstisch« des Kindes steht: Dabei hat sich das Geburtstagskind vorher schon selbst ausgesucht, was es haben möchte, und die Eltern der anderen Kinder müssen nur noch in den Laden gehen und eins dieser Geschenke kaufen. Ganz ehrlich: Wann sind all diese

Veränderungen passiert? Wann haben wir festgestellt, dass zum Geburtstag Pommes und Schokoküsse nicht mehr reichen und Kinder mehr Schränke brauchen, weil das ganze Spielzeug nicht mehr unterkommt? Wann haben wir festgestellt, dass wir so viel arbeiten gehen müssen, weil sonst der dritte Urlaub im Jahr und die Markenklamotten nicht mehr drin sind? Der Druck ist da, für Eltern wie für Kinder. Eltern wollen nur das Beste und messen sich mit anderen Eltern. Das gilt an der Stelle übrigens für Väter genauso wie für Mütter. Das »Höher-Schneller-Weiter« ist an einem Punkt angelangt, an dem ich mich häufig frage, wie lange das noch so weitergehen kann. Ist doch kein Wunder, dass sich kaum noch Eltern für ein drittes oder viertes Kind entscheiden.

Mittlerweile bin ich sehr vorsichtig geworden mit dem Urteil darüber, ob andere Eltern mit ihren Kindern Dinge zu früh, zu spät, zu sehr, zu lasch, mit Schnulli oder ohne tun. Denn wenn es nach meinen eigenen Vorurteilen aus der Zeit vor dem Kinderkriegen ginge, wäre ich die schlechteste Mutter der Welt. Natürlich schläft auch mein Kind ab und zu in unserem Bett – schließlich will ich auch irgendwann schlafen. Es schreit wie am Spieß, wenn es seinen Willen nicht bekommt – ist halt so in der »Ich-teste-Mamas-Grenzen-aus«-Phase. Und ich bin mehrfach am Tag erstaunt, dass mein Kind noch nicht gestorben ist, weil es sich überall stößt und hinfällt, obwohl ich gefühlt jede Sekunde hinter ihm stehe – wie kommt es denn jetzt auf einmal die Treppe rauf? Und seit wann kann es auf die Kommode klettern?

Natürlich darf – und sollte – jeder Mensch seine eigene Meinung haben. Ich persönlich bin immer noch der Ansicht, dass es für Babys schon sehr früh ist, wenn sie mit wenigen Monaten in eine Kita gegeben werden. Aber ich habe meine Meinung deutlich verändert, als ich mich selbst mit dem Thema Kinderbetreuung auseinandergesetzt habe. Je länger ich mich mit der Kita-Frage beschäftigte und später mit der Tagesmutterfrage, da wir keinen Kita-Platz bekommen haben, desto mehr kam ich zu der Einsicht: Die Frage ist nicht nur, ob ich eine Rabenmutter bin, wenn ich mein Kind früh in fremde Hände abgebe. Sondern sie kann auch sein: Welche Chancen verbaue ich dem Kind, wenn ich es nicht tue? Mein Sohn ist letztendlich mit zwei Jahren zu einer Tagesmutter gekommen, schön behütet, nur mit zwei anderen Kindern. Für ihn war der Zeitpunkt ideal, etwas früher hätte es sogar auch sein dürfen. Es war für mich absolut faszinierend, mitzuerleben, wie er sich weiterentwickelte. Nach wenigen Tagen hat er nicht nur deutlich mehr Wörter gesprochen, sondern er aß auf einmal auch Fleisch, Möhren und Paprika, weil das die anderen Kinder ebenfalls gegessen haben. Und wir konnten ihn sogar innerhalb weniger Tage von Apfelschorle auf reines Wasser umgewöhnen – unglaublich. Kinder schauen sich in dem Alter wahnsinnig viel voneinander ab. Und es ist auch eindeutig festzustellen, dass sie bei ihren Eltern Grenzen austesten, was sie bei Fremden nicht tun. Das Grenzen-Austesten ist für die Entwicklung eines Kindes zwar sehr wichtig, aber trotzdem habe ich den Eindruck, dass unser Sohn bei der Tagesmutter andere Dinge und Regeln lernt, weil er nicht so sehr damit beschäftigt ist, die Reaktion auf sein Verhalten auszuloten.

Dennoch habe ich zu vielen anderen Themen rund um die Kindererziehung noch immer eine deutliche Meinung, manchmal auch Vorurteile. Warum ist das so? Alle Eltern müssen ständig für ihr Kind Entscheidungen treffen. Manche sind schwierig, und Eltern kommen erst nach langem Ringen zu einem Entschluss. Wenn ich bei kleinen wie großen Entscheidungen akzeptiere, dass andere Eltern es anders machen, dann stellt mein Unterbewusstsein gleich wieder meine eigene Haltung in Frage: Habe ich mich vielleicht bei meinem Kind doch falsch entschieden? Dabei ist ganz wichtig, sich immer wieder vor Augen zu führen, dass jedes Kind anders ist. Dieser Satz ist tatsächlich keine blöde Ausrede dafür, warum die Kindererziehung trotz unzähliger bestens gemeinter

Ratschläge nicht immer glattläuft, sondern er bringt es auf den Punkt: Es gibt nicht für jedes Problem nur eine Lösung und schon gar nicht für alle Kinder die gleiche Gebrauchsanweisung. Welche Entscheidungen gut und welche vielleicht nicht so hilfreich waren, stellt sich manchmal erst später oder auch nie heraus.

Doch wie wir unsere Kinder auch erziehen, ob sie Stoff- oder Einmalwindeln tragen, früh oder spät in die Kita gehen: Dadurch wird kein perfekter Mensch aus ihnen werden. Natürlich sind einige Dinge rein objektiv betrachtet besser für ein Kind als andere; zum Beispiel sollte man sein Kind vielleicht nicht mit dem Fön in der Badewanne spielen lassen oder statt Brei mit Schokolade anfangen. Aber die meisten Entscheidungen hängen von den Eigenarten des Kindes ab und von den Möglichkeiten der Eltern. Was bringt einer Mutter mit wenig Geld beispielsweise der Tipp, dass Babys von teuren Windeln womöglich einen weniger wunden Po bekommen als von der Discounter-Hausmarke? Oder die Weisheit, dass Kinder frische Luft brauchen, wenn man nun mal in einer Großstadt lebt? Dass mir manche Dinge bei anderen Müttern beziehungsweise Eltern negativ auffallen, kann ich vermutlich nicht verhindern. Aber ich muss meine Bedenken zum einen nicht immer äußern und kann sie zum anderen für mich hinterfragen. Wenn mir jetzt ein »Wie kann die nur ...« in den Sinn kommt, dann frage ich mich: Ist das echt eine Katastrophe oder spielen meine Synapsen nur wieder verrückt, weil ich mich in Bezug auf mein Kind nicht neu entscheiden möchte? In der Regel komme ich dabei zu dem Schluss: Nur weil eine Mutter etwas anders macht als ich, ist sie noch lange keine Rabenmutter. Was am meisten zählt, ist, dass wir unsere Kinder lieben und unser Bestes geben, dass sie es gut haben. Denn dann ist eine andere Erziehung für ein anderes Kind und seine Mutter vielleicht genau richtig – und somit ist die vermeintliche Rabenmutter für ihr Kind doch die beste und nicht die schlechteste Mutter der Welt.

Fazit

Oder: Wie mir die TV-Sendung »Der Bachelor« bei der Bewältigung meiner Vorurteile hilft

Ganz ehrlich: So ein schönes gemeinsames Feindbild tut meistens erst einmal gut. Man fühlt sich besser, wenn man gemeinsam über andere lästert. Man ist Teil einer Gruppe und fühlt sich stark, weil man dazugehört und offenbar akzeptiert ist, während es eine andere Person nicht ist. Da dieses Verhalten zwar menschlich ist, aber sehr verletzend sein kann, habe ich mir für diese Neigung ein harmloses Ventil gesucht: Ich treffe mich mit meinen Freundinnen regelmäßig zum »Trash-TV-Gucken« und wir ziehen in aller Herzenslust über die komischen Vögel her, die uns RTL und Co. so präsentieren. Es macht Spaß, auch mal gemein zu sein und alle Vorurteile rauszuhauen, die nun mal in uns schlummern. Wir lachen darüber und danach ist es auch wieder gut. Aber wir wissen dabei, dass wir das tun, um selbst Spaß zu haben, und wollen damit niemandem ernsthaft etwas Böses. Alles, was wir sagen, bleibt im Raum. Ich würde nie so weit gehen und zum Beispiel in den sozialen Medien über C-Promis herziehen. Warum denn auch? Ich kenne die Menschen doch gar nicht richtig und kann als Fernsehjournalistin sagen: Was im Fernsehen gezeigt wird, ist nur die halbe Wahrheit. Wenn überhaupt. Da wird das gezeigt, was Zuschauer wie meine Mädels und ich sehen wollen, damit wir nach Herzenslust unseren Gefühlen von Schadenfreude, Mitgefühl und Wut freien Lauf lassen können. Das heißt aber noch lange nicht, dass die gezeigten Menschen im echten Leben tatsächlich so sind.

Das Internet mag uns das Leben zwar in vielen Bereichen sehr erleichtern, ist aber in puncto Vorurteile und Beleidigungen ein echter Fluch. Weil viele Menschen denken, dass sie im Netz anonym sind (auch wenn wirklich niemand im Netz anonym ist), sehen sie das als Freifahrtschein, ganz ungeniert ihre »Meinung« sagen zu können. Was diese Menschen niemals einem anderen ins Gesicht sagen würden, lassen sie im Internet vollkommen ungehemmt heraus. Ich habe schon bei zwei Arbeitgebern einen Shitstorm in den sozialen Medien miterlebt. Einmal beim ZDF-Nachrichtenportal »heute.de«, wo es darum ging, dass gegen den ehemaligen Politiker Karl-Theodor zu Guttenberg Plagiatsvorwürfe bei seiner Doktorarbeit erhoben wurden. Noch bevor irgendetwas bewiesen war, feuerten viele hundert User (von denen höchstwahrscheinlich kein einziger jemals selbst eine Doktorarbeit geschrieben hat) auf der Nachrichtenseite Beschimpfungen gegen ihn ab, die sich gewaschen hatten. Das zweite Mal war bei einer Kampagne für einen karitativen Arbeitgeber, in der es um Flüchtlingspolitik ging. Ich kann dir sagen: Dabei ist mir echt die Spucke weggeblieben. Ich war so fassungslos darüber, wie ungehemmt Menschen andere beschimpfen, von denen sie ganz offenkundig überhaupt keine Ahnung haben. Das mit der Ahnung weiß ich deshalb, weil es gar nicht möglich war, mit diesen Nutzern über Fakten zu diskutieren. Die wollten einfach nur stänkern.

Und das ist womöglich der wesentliche Punkt: Auch wenn keiner von uns ohne Vorurteile lebt, ist unser Umgang damit entscheidend. Nur weil wir Vorurteile haben, müssen wir sie anderen nicht permanent auf die Nase binden – weder durch Worte noch durch Blicke oder sonstige »Taten«. Und gerade dort, wo einem die eigenen Vorurteile bewusst werden, lohnt es sich, einmal dahinter zu schauen. Deshalb habe ich mich bei meinen eigenen Vorurteilen für ein paar Grundregeln entschieden. Auch wenn es nicht möglich ist, sich und sein Verhalten permanent zu hinterfragen, helfen mir diese Regeln immer wieder:

1. Finde ich jemand anderen blöd, weil er blöd ist beziehungsweise sich zumindest so verhält oder ist er einfach nur anders als ich und vertritt beispielsweise eine andere Meinung?

2. Bei denen, die blöd sind: Weiß ich genug über den anderen, um mir ein Bild darüber machen zu können, warum er sich so verhält?

3. Ist der Blöde ein Einzelfall oder sind alle Menschen, die an etwas Ähnliches glauben, ähnlich aussehen oder ähnlich leben, genauso?

Ich vermute, beim letzten Punkt kommt man in 99,9 Prozent der Fälle zu dem Ergebnis, dass Pauschalisierungen überhaupt keinen Sinn ergeben. Jeder Mensch ist anders, und nur, weil er mit einem weiteren die gleiche Herkunft teilt, auch im Rollstuhl sitzt oder ebenfalls Kinder hat, sind weder alle Ausländer gleich noch alle Menschen mit Behinderung oder gar alle Eltern.

Für die ersten beiden Punkte bleibt es dabei: Ja, Menschen können sich wirklich blöd verhalten. Das liegt daran, dass jeder – und leider sogar man selbst, so ärgerlich das ist – Fehler macht. Und nur, weil es für jede blöde Eigenschaft in der Regel auch eine Erklärung in der Geschichte oder der Natur dieses Menschen gibt, rechtfertigt das nicht sein Verhalten. Ein befreundeter Psychologe hat einmal etwas sehr Schlaues zu mir gesagt: »Es sind keine Menschen, die wir nicht mögen, sondern Eigenschaften an ihnen, die in uns etwas auslösen, das wir nicht gut finden.« Komplizierter Satz, einfache Message: Wenn mein Nachbar sich ungefragt Tauben in den Garten setzt, die nicht nur über meinem Garten schittern, sondern auch tierisch laut sind, dann ist der Nachbar nicht per se ein Blödmann, sondern ich finde es völlig daneben, dass er mich nicht fragt (Ich hätte Nein gesagt, was sollen wir schon mit Tauben?), und kann mir an sich gar nicht vorstellen, wie man so etwas gut finden kann. Aber deswegen ist nicht zwangsläufig der ganze Mensch blöd, sondern ich kann die Eigenschaft nicht leiden, dass er mich nicht gefragt hat (weil ich selbst bei solchen Entscheidungen andere mit einbeziehen würde) und empfinde das als egoistisch. Meinem Nachbarn kam es aber möglicherweise gar nicht in den Sinn, mich zu fragen, weil er sich wiederum gar nicht vorstellen kann, wie man sich an den Tauben stören kann. Er ist möglicherweise im Gegensatz zu mir weder geräusch- noch geruchsempfindlich und es würde ihn nicht mal stören, wenn ich mir einen ganzen Zoo in den Garten setzen würde. Deswegen muss ich nicht für alles Verständnis haben, auch nicht für Tauben oder die Tatsache, dass mein Nachbar mir die einfach ungefragt vorgesetzt hat. Aber es ist ein Unterschied, ob ich ihn gleich beschimpfe oder ihn zunächst einmal frage, warum er eigentlich nicht vorher mit mir über sein Vorhaben gesprochen hat.

In manchen Fällen kommt man trotzdem zu dem Schluss: Reden hilft nicht, das Verhalten mancher Menschen ist unmöglich. Da muss ich auch nicht tolerant sein. Aber leider ist das Schwierige daran oft, dass das blöde Verhalten oder die vermeintlich blöde Eigenschaft eines anderen uns selbst belastet. Weil wir ständig darüber nachgrübeln, uns durch etwas gestört fühlen oder sogar Angst davor haben. Da wir die anderen aber nicht ändern können, müssen wir einen Umgang mit ihnen finden. Für diese Fälle habe ich zwei Übungen, die mir selbst schon einige Male geholfen haben, ein bisschen Abstand zu bekommen, Dinge neu zu bewerten und auch Vorurteile abzubauen. Vielleicht hast du Lust, sie auszuprobieren.

Erste Übung:
In jedem das Positive sehen

Das kann man gut bei einem Spaziergang üben: Mustere jeden Menschen, der dir entgegenkommt (mustern heißt nicht glotzen, das geht auch unauffällig oder mit einem freundlichen Lächeln). Wie sonderbar dir die Erscheinung des anderen in manchen Fällen auch vorkommt: Suche ganz bewusst nach etwas, das du an deinem Gegenüber gut findest. Wir sind so gepolt, dass uns die negativen Dinge immer zuerst anspringen. Aber ich bin mir sicher, dass du an jedem auch etwas Positives finden wirst. Falls du an seinem Klamottenstil wirklich alles gruselig findest und weder die Frisur noch die Ohrringe das Gesamtbild für dich entschädigen, magst du vielleicht zumindest, dass dein Gegenüber tierlieb ist, weil er oder sie mit einem Hund spazieren geht. Oder du findest es gut, dass die Person schlendert und sich nicht so hetzen lässt. Positives Denken und eine aufgeschlossene Haltung bewirken nicht nur bei deinem Gegenüber Wunder, sondern heben auch die eigene Laune.

Zweite Übung:
Gar nicht mehr bewerten

Das ist quasi die Next-Level-Übung. Klingt vielleicht etwas esoterisch, ist aber überaus effektvoll: Versuche einmal, Dinge überhaupt nicht mehr zu bewerten. Das kann man gut in der Natur ausprobieren. Eigentlich bewerten wir so gut wie alles, was wir sehen. Die Parkbank ist morsch und deswegen hässlich, der See wunderschön und die Schnecke eklig. Statt bei dem, was wir sehen, gleich gute oder schlechte Bewertungen zu verteilen, kann man sich bei dieser Übung auf Dinge wie die Farbe oder die Form konzentrieren oder vielleicht auch darauf, wie sich etwas anfühlt. Diese Übung soll nicht bewirken, dass du Schnecken danach total schön und weniger eklig findest. Aber an der Schnecke zunächst das gemusterte Haus oder die langen Fühler zu betrachten, kann helfen, das Tier weniger voreingenommen und dafür etwas sachlicher zu betrachten. Das hilft auch bei anderen Menschen, nicht so schnell in seinem Urteil zu sein, und du lernst, den Stempel und vor allem die negativen Gedanken nicht ganz so schnell aufzudrücken. Viele Dinge sind beim zweiten Hinschauen anders, als wir denken.

Dieses Buch hat dich sicher nicht zu einem vorurteilsfreien Menschen gemacht. Das war auch nicht das Ziel – und ich bin selbst weit entfernt davon, keine Vorurteile mehr zu haben. Aber was ich mir wünsche, ist, dass wir uns gegenseitig mit mehr Respekt begegnen und behandeln. Andersartigkeit bedeutet auch Vielfalt und die macht das Leben doch erst spannend. Wir unterscheiden uns in so vielen Punkten, ja, eigentlich kann man sagen: in fast allem. Man kann Dinge ähnlich sehen, aber woher weiß man, ob eine Sache, die man für gleich hält, im Kopf des anderen wirklich ganz genauso aussieht? Wir unterscheiden uns in jedem Fall durch die Haarfarbe, Augenfarbe, Größe aller Körperteile vom Gesicht bis zu den Organen. Der eine hat mehr Herz, der andere weniger, wir hören unterschiedliche Musik, sehen verschiedene Filme, verdienen viel Geld oder gar keins, halten das Glas für halb leer oder halb voll. Wie langweilig wäre es, wenn wir alle gleich wären. Wir würden uns nicht weiterentwickeln und könnten uns auch nie streiten – wie öde. Das Leben bleibt lebendig durch das Auf und Ab darin, und das kann es nur geben, wenn Menschen unterschiedlich sind und wir gelegentlich anecken. Aber dabei dürfen wir nie den Respekt vor anderen oder vor uns selbst verlieren. Wer Respekt zu seinem obersten Ziel erklärt, der ist auf dem Weg zu einem toleranten Menschen schon den wichtigsten Schritt gegangen. Lasst uns stolz sein: Auf uns und unsere Andersartigkeit. Denn wir haben es selbst in der Hand: Wie wollen wir in Zukunft zusammen leben?

Danksagung

Mit einer Hand lässt sich kein Knoten knüpfen – und mit nur einem Kopf kein gutes Buch schreiben. Deswegen bin ich unendlich dankbar für alle, die dieses Buch mit ihrem Rat, ihren Ideen und ihrer Unterstützung begleitet haben.

Zuerst möchte ich mich bei meinen wundervollen Protagonisten bedanken: Ihr seid der Knoten, der alles zusammenhält. Danke, dass ihr mir Einblick in eure sehr persönlichen Geschichten gegeben habt. Ich bin euch tief verbunden für die zahlreichen intensiven Begegnungen, tiefgründigen Gespräche und dafür, dass ihr auch meine eigene Denkweise verändert und bereichert habt. Ihr seid toll, genau so, wie ihr seid, und ich wünsche euch das Beste.

Besonderer Dank geht an meine Lektorin, Marlene Fritsch. Ihre Begeisterung und Leidenschaft für das Projekt haben mich nicht nur motiviert, sondern durch Ihre Anmerkungen ist das Buch auch rund geworden. Vielen Dank, dass Sie so manchen Knoten in meinem Gehirn gelöst haben! Herzlicher Dank auch an das gesamte Team des Vier-Türme-Verlags, das mir immer mit großem Einsatz und Herzlichkeit begegnet ist. Man merkt, dass Sie Bücher aus Leidenschaft machen.

Ohne meinen Mann Basti wäre es nicht gegangen; danke, dass du mir, so gut es ging, den Rücken freigehalten hast, dir ständig den Stand der Dinge und jegliche für dich interessante wie uninteressante Entwicklungen angehört hast. Danke fürs Probelesen und für deine Motivation und Zuversicht in Zeiten, in denen es gehakt hat. Und vor allem danke ich dir, dass du mich immer wieder runterholst – du bist der Beste.

Danke auch an meine Eltern, Beate und Gerd, meinen Bruder Julian und seine Freundin Jessy, dass ihr nicht nur mitgefiebert habt, sondern beim Probelesen eine unheimlich große Hilfe wart. Mama, dir danke ich besonders für dein professionelles Knowhow und deinen Rat zu jeder Zeit.

Außerdem herzlichen Dank an meine tollen Freundinnen Dani, Sophie und Marina: Euer wertvolles Feedback und die tiefgreifenden Gespräche zu meinen ersten Entwürfen waren sehr bereichernd.

Nicht zuletzt danke ich dir, der Leserin oder dem Leser, weil du bis hierher gelesen hast und mich und meine Protagonisten auf dem Weg begleitet hast. Ich habe dieses Buch geschrieben, weil ich finde, dass die besonderen Menschen darin Gehör verdient haben – danke, dass du zugehört hast!

Bibliografische Information der Deutschen Nationalbibliothek

Die Deutsche Nationalbibliothek verzeichnet diese Publikation in der Deutschen Nationalbibliografie. Detaillierte bibliografische Daten sind im Internet über http://dnb.d-nb.de abrufbar.

Ohne Folie
Für unsere Umwelt

MIX
Papier aus verantwortungsvollen Quellen
FSC® C014889
FSC
www.fsc.org

in Deutschland produziert

1. Auflage 2021

Lektorat: Marlene Fritsch
Satz: Matthias E. Gahr
Umschlaggestaltung: Finken & Bumiller, Stuttgart
Umschlagmotiv: Lifestyle Travel Photo / shutterstock.com
Druck und Bindung: Pustet, Regensburg
ISBN 978-3-7365-0403-5

www.vier-tuerme-verlag.de

Bibliografische Information der Deutschen Nationalbibliothek

Die Deutsche Nationalbibliothek verzeichnet diese Publikation in der Deutschen Nationalbibliografie. Detaillierte bibliografische Daten sind im Internet über http://dnb.d-nb.de abrufbar.

Ohne Folie
Für unsere Umwelt

MIX
Papier aus verantwortungsvollen Quellen
FSC® C014889
www.fsc.org

in Deutschland produziert

1. Auflage 2021

Lektorat: Marlene Fritsch
Satz: Matthias E. Gahr
Umschlaggestaltung: Finken & Bumiller, Stuttgart
Umschlagmotiv: Lifestyle Travel Photo / shutterstock.com
Druck und Bindung: Pustet, Regensburg
ISBN 978-3-7365-0403-5

www.vier-tuerme-verlag.de